W0332093

Bibliografische Informationen Der Deutschen Bibliothek
Die Deutsche Bibliothek verzeichnet diese Publikation in der Deutschen Nationalbibliografie; detaillierte bibliografische Daten sind im Internet über http://dnb.ddb.de abrufbar.

Benno Heussen

Machiavelli für Streithammel
Lernen Sie die Regeln der Macht kennen

F.A.Z.-Institut für Management-,
Markt- und Medieninformationen GmbH
Frankfurt am Main 2007

ISBN 978-3-89981-049-3

Frankfurter Allgemeine Buch

Copyright F.A.Z.-Institut für Management-,
Markt- und Medieninformationen GmbH
Mainzer Landstraße 199
60326 Frankfurt am Main

Bildauswahl/Satz
Umschlag: F.A.Z.-Marketing/Grafik
Titelbild: Corbis
Satz Innen Nicole Jäger
Druck Jütte-Messedruck Leipzig GmbH, Leipzig

Alle Rechte, auch die des auszugsweisen Nachdrucks, vorbehalten.

Printed in Germany

BENNO HEUSSEN

MACHIAVELLI FÜR STREITHAMMEL

Lernen Sie die Regeln der Macht kennen

Frankfurter Allgemeine Buch

Viveka Böök gewidmet

INHALT

Französische Gäste

„... Und wenn wir mit diesem angenehmen Gegner wieder mal auf dem Feld der Ehre zusammentreffen sollten, dann hoffen wir, dass der Krieg zur beiderseitigen Zufriedenheit ausfällt."

I.

DER KRIEG IST DER VATER ALLER DINGE

Mücken und Elefanten / Streit gibt es überall / Mit der Natur kann man nicht streiten / Aggression und Kooperation / Definitionen / Macht braucht Ohnmacht / Verletzte Gefühle sind der Zündstoff des Streites / Die Wirkungen der Macht / Streit ist immer persönlich / Der Preis der Macht / Macht ist arrogant / Die ungeheure Macht des Negativen / Die Grenzen der Macht / Achtung vor der Verachtung / Gruppendynamik / Das Ende des Streits / Vater und Mutter aller Dinge / Die sechs Regeln der Macht / Das Drehbuch der Konflikte

Vor dem letzten Flug von München nach Berlin – Freitagabend, 21.30 Uhr. Jeder will nach Hause. Die Lufthansa-Lounge ist brechend voll. Nach stundenlangen Konferenzen bin ich froh, mit niemandem mehr sprechen zu müssen. Dafür muss ich jetzt zuhören. *„Also: Verspätung haben wir noch keine, aber es regnet in Strömen…“* – *„Auf keinen Fall mehr als 2,5 Millionen, das sag' ich schon seit zwei Monaten …“* – *„Das kann doch nicht wahr sein!“* Ich stehe auf, und versuche, irgendwo eine ruhige Ecke zu finden. Aber die gibt es nicht: Es ist die Hölle.

Eigentlich müsste man jetzt Streit anfangen! Aber kann man das bei so geringfügigem Anlass? Warum nehmen andere dieses Verhalten hin? Und warum fühlt man sich überhaupt nicht gestört, wenn sich zwei im Restaurant am Nebentisch miteinander unterhalten?

Ausgehend von diesen ganz trivialen Fragen will ich mit Niccolò Machiavelli herausfinden, wie Streit entsteht und welche Kräfte ihn bestimmen. Er hat vor etwa 500 Jahren seine Ideen auf dem Feld der Politik und des Krieges entwickelt. Wir werden sehen, dass sie auch heute nicht nur dort, sondern auch in alltäglichen Konflikten, Prozessen und anderen Streitigkeiten gültig sind.

Dabei wird sich zeigen, wie Streit sich zwischen Einzelnen und in Gruppen entwickelt, welche kulturellen Unterschiede zwischen westlichen und asiatischen Kulturen bestehen und wie Verstand und Gefühl auf den Ablauf von Konflikten einwirken.

Welche Bedeutung Konflikte in unseren modernen Gesellschaften haben, zeigt uns am besten die Statistik. Beginnen wir mit dem alltäglichen Streit. Rund 2 Millionen Prozesse werden in Deutschland jährlich geführt, darunter circa 300.000 Mietstreitigkeiten, 150.000 Verkehrsunfallprozesse und etwa die gleiche Anzahl streitiger Käufe/Verkäufe. Etwa eine halbe Million Scheidungen gibt es pro Jahr und 630.000 Arbeitsgerichtsverfahren.[1]

Weit geringer ist die Zahl der Prozesse zwischen Unternehmen. Sie werden in der Statistik nicht besonders ausgewiesen, aber man kann sie ungefähr auf 100.000 Verfahren pro Jahr schätzen. Das bedeutet aber nicht, dass Unternehmen weniger streiten als Privatleute. Als Anwalt kann man das gut abschätzen, wenn man sieht, dass über 80 Prozent der eigenen Arbeit aus der Beratung in Konfliktsituationen besteht, die aber nur sehr selten zu Prozessen führen.

Auch mit dem Staat wird gestritten über Baugenehmigungen, Asylanträge, Gaststättenerlaubnisse oder über die Verweigerung des Sozialamtes, mehr als 200 Euro zur Klassenfahrt der Tochter des Arbeitslosen beizutragen (man reiste nach Rom).

Natürlich sucht der Staat auch Streit mit uns: Etwa 4,8 Millionen Ermittlungsverfahren setzt die Staatsanwaltschaft durchschnittlich pro Jahr in Gang, aber zur Anklage reicht es nur in 736.000 Fällen. Sogar die staatlichen Institutionen streiten heftig miteinander, wie z. B. das Land Berlin, das den Bund im Jahr 2006 erfolglos auf Zuschüsse verklagte, oder Gemeinden gegen ihr Land, deren Gebiet durch eine Reform verfassungswidrig verändert wird.

Man kann über alles streiten. Als ein Restaurantgast sich vor einiger Zeit über eine Schnecke im Salat beschwerte und nicht zahlen wollte, wurde er verklagt[2] und ein kluger Rechtsprofessor[3] kritisierte dieses Urteil heftig, da es wichtige Grundregeln des Rechts missachtet habe. Er wurde nun von einem noch klügeren Richter[4] wegen schwacher Rechtskenntnisse angegriffen und einige Zeit später schlug ein besonders kluger Anwalt[5] allen Beteiligten vor, eine „Neue Zeitschrift für Essen und Recht" zu gründen, da man nur so der differenzierten Problematik der Schnecke im Salat auf Dauer gerecht werden könne.

Der Fall ist deshalb so interessant, weil Essen ja irgendetwas mit Geschmack zu tun hat und über Geschmack kann man bekanntlich nicht streiten. Warum nicht? Der Geschmack ist eine individuelle Einschätzung, die die Machtzentren der anderen nicht berührt. Wenn Sie erst einmal, sagen wir, geröstete Heuschrecken mit Salz und Chili gegessen haben (ohne dass Sie dabei wussten, worum es sich bei dem Appetithäppchen handelte), werden Sie dieses Horsd'œuvre bestimmt interessant finden.

Erst wenn der eine dem anderen seinen schlechten Geschmack vorwirft, wird aus der inneren Tatsache eine äußere und dann geht es nicht um den Geschmack, sondern um die Art und den Inhalt der Äußerung – und damit beginnt der Streit!

Konflikte gibt es nur zwischen Menschen. Mit der Natur kann man sich nicht streiten. Der Perser-König Xerxes hat einmal das Meer am Bosporus mit Ketten peitschen lassen, weil es seiner Meinung nach zu stürmisch war. Voltaire fand das Erdbeben von Lissabon unvernünftig. Das sind aufgeregte Reaktionen, die nicht anerkennen wollen, dass wir zwar Teil der Natur sind, aber mit ihr nicht auf einer Stufe stehen. Ganz klar sieht man das an den Krankheiten: Sie treffen uns dort, wo wir zur Natur gehören, und deshalb können wir mit dem Krebs ebenso wenig kämpfen wie Aids besiegen – all das sind nur Metaphern, die uns ein Leiden verständlich machen sollen, für das ein Gegner fehlt.

Aggression und Kooperation

Allerdings teilen wir mit den Tieren die genetisch festgelegte Fähigkeit zur Aggression. Wir brauchen sie, um uns im Kampf ums Überleben durchzusetzen. Sie dient zunächst dem Selbstschutz. Neuere Forschungen[6] zeigen allerdings, dass die Fähigkeit zur Kooperation „früher“ da ist als jene zur Aggression. Das entspricht der allgemeinen biologischen und ökonomischen Erkenntnis, dass wir die Risiken des Kampfes erst eingehen, wenn uns Bündnisse nicht weiter bringen. („Und willst Du nicht mein Bruder sein – dann schlag ich Dir den Schädel ein!“)

In einem wichtigen Punkt allerdings unterscheiden wir uns von den Tieren: Menschen können Selbstmord begehen und Selbstgespräche führen! Ihre Aggression kann so grenzenlos werden, dass sie sich gegen die eigene Existenz richtet, und bei all dem kann ein Mensch seinen eigenen Handlungen zusehen und darüber reflektieren.

Diese Fähigkeiten, die sich unter bestimmten Bedingungen entwickeln können, überschreiten die Grenzen des natürlich biologischen Verhaltens, sie verlassen das Reich der Zweckrationalität. Sie sind es, die die Grundfragen nach Herkunft und Wirkung von Macht und Streit auslösen.

Definitionen

Macht ist *„jede Chance, innerhalb einer sozialen Beziehung den eigenen Willen auch gegen Widerstreben durchzusetzen, gleichgültig, worauf diese Chance beruht.“*[7] Niklas Luhmann hält nicht viel von dieser berühmten Definition Max Webers, denn das sei nichts anderes als *„sozusagen Kausalität unter ungünstigen Umständen“*[8]. Er verankert den Machtbegriff in seinem gesellschaftstheoretischen Zusammenhang und bezeichnet Macht als *„symbolisch generalisiertes Medium der Kommunikation“.*[9] Dieser weitere Schritt leuchtet ein, denn Macht setzt sich nicht nur über offene Gewalt durch. Ihre Wirkung besteht viel häufiger im indirekten Einfluss auf das Entscheidungsverhalten von Menschen, das von ihrem Kommunikationsverhalten bestimmt wird.

Aus beiden Definitionen wird aber nicht klar, *warum* Menschen andere in ihrem Sinne beeinflussen wollen, und noch weniger, warum der Wille zur Macht (Nietzsche) bis zu schonungsloser Willkür pervertieren kann. Aggression erschöpft sich mit dem Erreichen ihrer Ziele, und auch von Geld, Wissen und Eigentum hat man irgendwann einmal genug. Der Wille zur Macht geht weit darüber hinaus, *„denn der Ehrgeiz ist in der Brust eines jeden Menschen so mächtig, dass er ihn nie verlässt, wie hoch er auch steigen mag. Die Ursache dieser Erscheinung liegt darin, dass die Natur die Menschen so geschaffen hat, dass sie zwar alles begehren, aber nicht alles erreichen können,“*[10] wie Machiavelli meint.

Die Macht erzeugt so ein egozentrisches Programm, das *Anpassung* und *Unterordnung* bis hin zur Illusion der Liebe erzwingen will (Erich Mielke, Chef des DDR-Staatssicherheitsministeriums: „Ich liebe Euch doch alle“). Aus welchen Gründen auch immer: Wir wollen anderen gegenüber sein wie Gott – auch wenn wir es nur in der Luzifer-Variante realisieren können.[11]

Solange jeder von uns die Ansprüche der anderen respektiert und versucht, sich mit ihnen zu arrangieren, herrscht Frieden. Er herrscht aber auch, wenn ein weniger Mächtiger sich mit seiner Rolle zufrieden gibt. Macht wird erst aus der Differenz zwischen den Möglichkeiten sichtbar, die ein Mensch (oder eine Gruppe) gegenüber einem anderen Menschen (oder einer anderen Gruppe) hat.

 Daraus folgt die **erste Regel der Macht:**

Macht erzeugt Differenzen und fordert Anpassung.

Diese Differenzen erfassen das gesamte Spektrum zwischen absoluter Macht und absoluter Ohnmacht und können sich nahezu in jeder Sekunde – abhängig von der jeweiligen Situation – verändern. Das Verhältnis beider erinnert sofort an die den asiatischen Kulturen vertraute Aufteilung des Lebens in Ying und Yang.

In der Lufthansa-Lounge bin ich nicht Hausherr, also habe ich keine Macht. Ich bin auf der anderen Seite aber auch nicht ohnmächtig, denn ich muss mich nicht anpassen, sondern kann die Lounge verlassen. (Im Gefängnis wäre das anders!) Ganz anders ist es, wenn man im Restaurant nebeneinander sitzt. In Pariser Bistros kann man nur wenige Zentimeter neben einem anderen sitzen, ohne ihn als störend wahrzunehmen, solange er auch nichts anderes tut, als sich mit anderen zu unterhalten. Dann herrscht keine Machtdifferenz!

Sie sollte auch nicht bei einer Firmenfusion wie Daimler/Chrysler gelten, wenn sie – wie offiziell stets behauptet wurde – nur einen „Zusammenschluss unter Gleichen" dargestellt hätte. Die Tatsachen sahen anders aus, und das war der Grund für eine Millionenklage des Aktionärs Kirk Kerkorian, der sich der von Daimler/Chrysler geforderten Unterordnung des amerikanischen Unternehmens nicht beugen wollte. (Er hat sie verloren.) Macht fordert Anpassung und realisiert sich gerade in der Fähigkeit, jeden zu überwinden, der die Anpassung verweigert.

Auch wenn die Verweigerung der Anpassung die Grundlage für den Streit darstellt, kommt es doch nicht immer zum offenen Konflikt. Häufig versucht man, mit Kompromissen und verbalen Zugeständnissen die fehlende Anpassung zu verdecken. Das gelingt aber nur so lange, als alle Beteiligten darauf achten, die Gefühle der anderen nicht zu verletzen.

Als Anwalt bemerkt man schnell, dass Leute sogar dann noch Streit suchen, wenn sie das Geld bekommen, was sie fordern. Hinter vielen Forderungen versteckt sich noch der Wunsch nach Demütigung, Entschuldigung oder anderen Formen von Wiedergutmachung, ohne die der Streit offenbar nicht beendet werden kann. Leo Kirch beispielsweise hat gegen die Deutsche Bank wegen der Äußerung ihres damaligen Vorstandsprechers Rolf Breuer, er sei nicht kreditwürdig, jeden Prozess gewonnen. Das hat ihn aber nicht gehindert, Kirchs Nachfolger Ackermann im Oktober 2006 vor den Staatsanwalt zu zerren, weil der ein anderes Vorstandsmitglied begünstigt haben soll.

Kirch ist trotz der Insolvenz seiner Firmen ein sehr reicher Privatmann und 80 Jahre alt. Selbst wenn er die Milliarde bekommen und seine Strafanzeige Erfolg haben sollte, wird er daran nicht mehr viel Freude haben. Es ist ihm trotzdem wichtiger, sich an den flackernden Lagerfeuern seiner verschiedenen Prozesse zu wärmen.

Es genügt also nicht, wenn der Unterlegene sich dem Mächtigen anpasst; er kann den Streit nur vermeiden, wenn er auch dessen Gefühle besänftigt. Umgekehrt: Wenn der

 Unterlegene sich mit seiner Stellung nicht abfindet, gibt es Revolution. Streit entsteht also erst, wenn Machtlagen und Gefühle differieren.

Daraus ergibt sich die **zweite Regel der Macht:**

Streit wird durch verletzte Gefühle ausgelöst und aufrechterhalten.

Erst wenn diese Verletzung – auf welche Weise auch immer – beseitigt ist, kann er enden.

Die Wirkungen der Macht

Machiavelli hätte trotz seiner umfassenden Bildung kein wissenschaftliches Interesse für die Funktionen der Macht aufgebracht. Ihn interessierten die Auswirkungen in der Praxis, die in einer Vielzahl von Empfehlungen münden.

Jede Titelüberschrift in „Der Fürst" oder in den „Discorsi" deutet eine dieser Empfehlungen an, von denen sich nicht wenige widersprechen: Da soll das Volk *„weiser und beständiger als ein Alleinherrscher"*[12] sein, andererseits sei *„eine führerlose Menge (...) zu nichts nütze"*.[13] Diese Widersprüche erklären sich aus den unterschiedlichen Perspektiven, die Machiavelli in seinen Darlegungen jeweils einnimmt.

Sie finden sich ebenfalls in den von Robert Greene in jüngerer Zeit zusammengestellten Regeln der Macht.[14] Sein Gesetz Nummer 17 lautet etwa: *„Versetze andere in ständige*

Angst", das Gesetz Nummer 24 aber: *„Spiele den perfekten Höfling"*. Wie man Leute durch Höflichkeit in dauernde Angst versetzen kann, würde ich gern wissen. Auf der Ebene praktischer Ratschläge gibt es keine innere Logik für die Regeln der Macht. Widerspruchsfreie Empfehlungen kann man nur erarbeiten, wenn man sich mit den Wirkungen der Macht unabhängig von der konkreten Situation befasst, in der sie sich auswirkt.

Machtansprüche werden in unzähligen Bereichen geltend gemacht. Die wichtigsten sind:

Raum: „Mach mir Platz!"
Zeit: „Meine Zeit ist kostbarer als deine."
Handlung: „Du tust, was ich dir sage!"
Information: „Was du wissen sollst, entscheide ich."
Kommunikation: „Lerne meine Sprache!"
Eigentum: „Was dein ist, bestimme ich!"

Besonders bei der Kommunikation wird deutlich, wie das Prinzip der Anpassung wirkt. Für alle englisch sprechenden Nationen ist es nicht nur eine Bequemlichkeit, sondern auch ein Machtfaktor, dass alle anderen ihre Sprache lernen müssen. Vor allem die Namen sind auf geradezu mythische Art und Weise mit der Macht verbunden, und deshalb ist der Streit um sie stets besonders hart. Man versteht es jetzt besser, warum die Waliser und Iren ihre Sprache auf Ortsschildern wiederfinden wollen, warum Städte wie Bombay ihre Kolonialnamen in Mumbai wechseln oder Cassius Clay lieber „Muhammad Ali" heißen wollte.

Jeder will, dass seine Position, seine Meinung, seine Sicht der Dinge von anderen anerkannt wird, und kämpft darum durch Angriff oder Verteidigung. So ergibt sich die **dritte Regel der Macht:**

Die Sucht nach Anerkennung ist die stärkste Triebfeder der Macht.

Sie ist der tiefste Grund für die Unersättlichkeit jedes Machtanspruchs, der immer dazu neigt, die Willkürgrenze zu überschreiten. Denn wer alles schon erreicht hat, neigt dazu, das Schicksal zu testen, übersieht das Glück, das er bisher gehabt hat, und wird in allen seinen Einschätzungen von seiner Umgebung dadurch fehlgeleitet, dass man ihm nach dem Mund redet. Nur wenige hochbegabte Leute sind fähig, sich selbst Grenzen zu setzen.

Streit ist immer persönlich

Jeder Streit verläuft völlig unterschiedlich, je nach dem, welche Personen an ihm beteiligt sind. So bildet jeder von uns ein Machtzentrum, und wenn mehrere sich aufeinander zu bewegen wie Taifune, dann können Blitz und Donner nicht ausbleiben. Das zeigt schon der tägliche Streit um unser „Revier"[15] (das sind mindestens die 1,5 m^2 Platz, die wir unmittelbar um uns herum brauchen) in den öffentlichen Verkehrsmitteln, in den Aufzügen und überall da, wo im Hochgebirge der Städte Leute mit ihren Rucksäcken unterwegs sind: Sobald uns diese ins Gesicht fegen, entstehen Revierkämpfe, die irgendwie ausgefochten werden müssen.

Jossif Wissarionowitsch Stalin, der viel von der Macht verstand, hat es auf die einfache Formel gebracht: *„Ein Mensch – ein Problem; kein Mensch – kein Problem.“* Vor Systemen hatte er keine Angst, falls er überhaupt welche hatte.

Der Preis der Macht

Es gibt nur einen indirekten Zusammenhang zwischen persönlicher Leistung und dem Entstehen von Macht. Wer aus einer reichen oder mit vielen Beziehungen ausgestatteten Familie stammt, hat sogar dann Macht, wenn er Zeit seines Lebens nichts verdient oder diese Beziehungen mit Füßen tritt.

Auch bei Politikern und Managern kann es lange Phasen geben, in denen sie Macht genießen, ohne viel dafür zu tun – das ist vielleicht der Lohn für jahrelange Ohnmacht, für beharrliches Aushalten, für die Fähigkeit, zum richtigen Zeitpunkt nachzugeben, dem dann eine Machtphase folgt.

Aber meistens muss man dafür bezahlen, wenn man Macht besitzt: Berühmte Wissenschaftler oder Medienstars bezahlen mit dem Verlust ihres Privatlebens, andere, wie Gandhi, bezahlen sogar mit ihrem Leben. Und *einen* Preis bezahlen alle, die Macht erringen: Das ist die Einsamkeit! Nicht nur der Mann oder die Frau an der Spitze sind einsam.

Jeder, der bestimmte Kompetenzen hat, die er gegen den Willen anderer durchsetzten muss, hat nur noch sehr begrenzte Möglichkeiten, sich mit anderen auszutauschen, weil in jeder seiner Fragen auch seine Schwäche aufblitzt, die zu der Frage Anlass gegeben hat.

Macht ist arrogant

Macht wird nach außen in den meisten Fällen durch Arroganz sichtbar, also durch die Gewissheit, sich anderen nicht anpassen zu müssen und das eigene Verhalten unter keinen Umständen in Frage zu stellen. Sie ist deshalb nichts weiter als der innere Ausdruck der tatsächlichen Einflusspotentiale. Sie verstärkt sich sogar, wenn Subalterne genau wissen, dass es ihnen außerhalb der konkreten Situation völlig an Einfluss fehlt (dieses Phänomen könnte man das „Hausmeister-Syndrom" nennen).

Wer auf eine arrogante innere Einstellung verzichtet, gefährdet damit erfahrungsgemäß seine äußere Wirkung. Man mag hier einwenden, Leute, die ihre Macht indirekt ausübten, gefährdeten diesen Einfluss, wenn sie arrogant auftreten. Tatsächlich aber besteht die Arroganz der grauen Eminenzen gerade in dieser Zurückhaltung, die andeutet, wie wenig sie auf die üblichen Kommunikationswege angewiesen sind, um ihre Drähte zu ziehen.

Wer die Arroganz angreift, den verfolgt sie *„aus Neid oder aus einem anderen Grunde mit ihrem Hass."*[16] Dieser Hass ist mit keinem Mittel der Welt – weder mit Bescheidenheit noch Zugeständnissen – zu versöhnen, wie Machiavelli an dieser Stelle anmerkt.

Die ungeheure Macht des Negativen

Alice Schwarzer meint in einem Interview: *„Macht an sich ist doch vollkommen uninteressant!“*[17] Es komme nur darauf an, wozu man die an sich ganz neutrale Macht nutze. Mit dieser Behauptung verknüpft sie drei Dinge, die Machiavelli sehr streng auseinander gehalten hat, nämlich die Macht, das Gesetz und die Moral.

Wie viele Leute mit guten Absichten stellt auch Alice Schwarzer die moralisch korrekten Inhalte in den Vordergrund, die ein guter Mensch anstreben soll, und sieht deshalb gar keinen Anlass, die Unterschiede in den Machtlagen näher zu diskutieren, die diesen guten Zielen im Wege stehen mögen. Nach Machiavellis Beobachtungen hingegen ordnen sich die Inhalte stets den Machtlagen unter: *„Die Menschen sind immer schlecht, wenn die Notwendigkeit sie nicht gut macht.“*[18]

Machiavelli erkennt, dass Macht nicht gut oder schlecht ist, sondern als Kraft wirkt, der sich nichts und niemand entziehen kann. Dadurch hat sie die Fähigkeit, gute Absichten in ihr völliges Gegenteil zu verkehren. So kann sich das Böse vor allem dann in der Wirklichkeit durchsetzen, wenn seine Existenz geleugnet wird, wie es alle Ideologien tun, die uns den Himmel auf Erden versprechen. Deshalb ist es besser, mit der *„ungeheuren Macht des Negativen“*[19] in dem Bewusstsein zu leben, dass man mit ihm leben muss und günstige Bedingungen braucht, um es in seinen Schranken zu halten.

Da die Macht die Tendenz hat, sich gegen alles durchzusetzen, entwickelt sie immer eine Tendenz zur Willkür: „*Je mehr Macht die Menschen haben, umso mehr missbrauchen sie diese und werden übermütig.*“[20] Lord Dalberg-Acton hat Machiavellis Satz einige hundert Jahre später nochmals zugespitzt: „*Macht korrumpiert und absolute Macht korrumpiert absolut.*“ Daraus ergibt sich die **vierte Regel der Macht:**

Die Macht dient nur sich selbst und keinem anderen Zweck.

Es ist weitgehend unerforscht, unter welchen Bedingungen sich der Charakter des Bösen entwickelt. Drei Bedingungen scheinen aber immer dazu zu gehören: Randständigkeit im Verhältnis zu anderen Menschen, eine unüberwindliche Abneigung gegen Anpassung und extreme Gefühlskälte.[21]

Ich habe mich oft gefragt, wie man solche Menschen erkennen kann. Meine Antwort lautet: Wer die Fähigkeit zur Selbstbeobachtung, zum Humor, ja auch zur Ironie zeigt, ist kein wirklich schlechter Mensch. Machiavelli hatte diese Eigenschaften.

Die Grenzen der Macht

Die ungeheure Eigendynamik der Macht wird innerhalb der sich selbst regulierenden Systeme, in denen wir leben, überwiegend dadurch begrenzt, dass jeder seine Machtansprüche geltend macht und dadurch die der anderen relativiert. Solange Machtmonopole verhindert werden, funktioniert dieser Mechanismus, den Adam Smith für den Bereich der Volkswirtschaft beschrieben hat. Komplexe Systeme dieser Art können sich aber nur selbst regulieren, wenn sie Verankerungen in wirksamen Rechtssystemen haben.

Eine zweite Grenze zieht jeder Einzelne, der sich – aus welchen Gründen auch immer – einem Machtanspruch endgültig verweigert. Hier finden wir Attentäter wie Timothy McVeigh, den Attentäter von Oklahoma, ganze Bevölkerungsgruppen wie die Amish oder auch stille Flüchter wie Henry David Thoreaux, der es versuchte, am Rande der Stadtlandschaft als Einsiedler zu leben. Daraus ergibt sich die **fünfte Regel der Macht:**

Die Macht findet ihre Grenze nur in Rechtssystemen und individuellen Entscheidungen.

Das Aufrechterhalten errungener Macht gegen solche Grenzen erfordert eine umfassende, dauerhafte Anstrengung, die mit den Widerständen zunimmt. Wenn Macht versucht, sich unter allen Umständen gegen alle offenen und versteckten Widerstände durchzusetzen, wird sie scheitern: *„Unbedingte Tätigkeit, von welcher Art sie sei, macht am Ende bankerott.“*[22]

Die Macht des Negativen sorgt dafür, dass auch Menschen mit guten Absichten verachtet und gehasst werden: *„Verächtlich wird der, welcher für wankelmütig, leichtsinnig, weibisch, feig und unentschlossen gilt."*[23] Diese Definition betrifft keineswegs nur Schwache, sondern auch solche, die es allen recht machen wollen. Sie haben nicht erkannt, dass es *„weit sicherer {ist}, gefürchtet als geliebt zu werden,"* denn Zuneigung kann von heute auf morgen in Verachtung oder Hass umschlagen. Deshalb muss *„der Fürst sich derart gefürchtet machen, dass er, wenn er auch keine Liebe erwirbt, doch auch nicht verhasst wird; denn gefürchtet und nicht gehasst zu werden, ist wohl vereinbar."*[24]

Das tragische Leben Ludwigs XVI., dessen Bild häufig verzeichnet wird, zeigt, was geschieht, wenn diese wichtige Regel ignoriert wird: Intelligent, belesen und gutherzig[25] ist er gleichzeitig entscheidungsschwach, kann seine Leute nicht mitreißen und will dem wankelmütigen Volk gefallen, statt Würde zu zeigen und es zu führen. Deshalb hat ihn das Volk verachtet und das hat ihn den Kopf gekostet. Auch Willy Brandt hätte besser daran getan, gegen Wehners verächtliche Bemerkung („Der Herr badet gern lau!") aktiv vorzugehen, als sie einfach zu ignorieren.

Sogar im Privatleben muss man Führung und Verantwortung in die Hand nehmen und vor allem das Private vom Geschäftlichen trennen: Wer hat nicht schon einem guten Freund Geld geliehen und damit die Freundschaft verloren?

Man muss frühzeitig erkennen, wen man vor sich hat, und wissen, dass *„Böswilligkeit weder durch die Zeit ausgeglichen, noch durch Geschenke versöhnt wird."*[26] Es kann sogar noch viel schlimmer kommen: *„Einem Menschen mehr Schaden zugefügt zu haben, als man wieder gutmachen kann (...) veranlasst den Täter, den Geschädigten zu hassen."*[27]

Gruppendynamik

Elias Canetti hat in seiner Untersuchung „Masse und Macht" als einer der Ersten die Frage thematisiert, wie Konflikte sich verändern, wenn nicht ein Einzelner, sondern eine ganze Gruppe in ihn verwickelt ist. Wenn wir genauer hinsehen, stellen wir fest, dass dies eher der Normalfall ist. Jeder von uns ist Teil eines vielschichtigen Netzwerkes, in dem er selbst von anderen Entscheidungen abhängig ist oder andere wiederum von ihm abhängig sind. In Asien werden diese Netzwerke in fünf Gruppen eingeteilt und zwar:

- Die Familie (im Sinne der Großfamilie).
- Die Nachbarn (in Japan bilden sie eine Fünf-Häuser-Gruppe).
- Die Arbeitsbeziehungen (das umfasst auch die freiwillige Tätigkeit in Vereinen oder illegale Tätigkeiten der Mafia oder von Terrorgruppen).
- Die Gemeinde, in der man lebt.
- Die Nation, zu der man gehört.

Diese Einteilung ist auch im Westen sinnvoll, denn sie zeigt uns, dass wir fast nichts allein entscheiden können, ohne dabei die Interessen anderer berücksichtigen zu müssen, die auf unserer Seite stehen.

Darüber hinaus entwickeln sich Konflikte ganz anders, wenn Gruppen angreifen oder angegriffen werden. Gruppen können viel aggressiver werden, als ein Einzelner das sein könnte, denn sie neigen zu kollektiver Blindheit und steigern dadurch ihre Gefährlichkeit. Aber auch eine hilflose Touristentruppe kann durch ihr Ungeschick, sich zu organisieren, anderen so viel Platz wegnehmen, dass es Ärger gibt. Mit Intelligenz hat das nichts zu tun: Gerade auf Wissenschaftskongressen sieht man, dass hunderte von Professoren sofort ihren Verstand an der Garderobe abgeben, sobald sie ihre Namensschilder erhalten haben, die sie als Mitglieder der Gruppe ausweisen. Um mit einer Gruppe einen Bus pünktlich zu besteigen, sollte man kein Nobelpreisträger sein, weil man sonst vielleicht Probleme sieht, die es nicht gibt.

Gruppen brauchen Uniformen, um sich gegenseitig erkennen und von den anderen abgrenzen zu können. Ein Soldat kann nicht aussehen wie ein Künstler, ein Rapper braucht Jeans und Shirt in XXL, ein Kardinal ein rotes Käppchen etc. Niemand, dem man Geld anvertraut, kann uns mit Hilfe kunstvoller Piercings davon überzeugen, dass es bei ihm gut aufgehoben ist; und den Punk, der sich bei der Kleiderspende einen Nadelstreifenanzug abholt, möchte ich noch kennen lernen. Diese kollektive Beschränkung dient dazu, die Grenze zur individuellen Verantwortlichkeit

zu verwischen. So kann in engen Familienstrukturen sogar
Blutrache zur sozialen Pflicht werden: *„Niemand hat dich als Kriminellen angesehen, wenn Du einen britischen Soldaten erschossen hast“,* sagt der ehemalige IRA-Aktivist Antony McIntyre. Erst Jahre später, als er aus dem Gefängnis entlassen ist und seine Auffassungen sich gewandelt haben, fragt er sich entsetzt: *„Was haben wir bloß getan?“*[28]

Das Ende des Streits

Da hinter jedem Streit ein verdeckter Machtkampf steht, kann er nur zum Ende kommen, wenn für den Machtkampf eine Lösung gefunden worden ist. Daraus ergibt sich die **sechste Regel der Macht:**

Nur die Lösung des Machtkampfes beendet den Streit.

Sie ist der Prüfstein, an dem man erkennen kann, ob Kompromisse auf Dauer tragfähig sein werden. Wenn sie nur die Funktion haben, die wirklichen Machtverhältnisse zu verdecken oder sie gar zu verfälschen, werden sie nicht lange halten. Da Machtdifferenzen nicht objektivierbar sind, sondern sehr stark von den Gefühlen abhängen, ist es umso wichtiger, in jedem Vergleich auch die Anerkennung der gegnerischen Position zum Ausdruck zu bringen. Das müssen nicht einmal inhaltliche Zugeständnisse sein – der Ausdruck für den Respekt vor den Konflikten, die die andere Seite durchleben musste, kann genügen.

Es gibt allerdings Konflikte, die man nicht lösen kann, weil man die Machtdifferenz akzeptieren muss. Das geschieht zum Beispiel bei den Sicherheitskontrollen am Flughafen: Man hebt die Hände wie in schlechten Krimis, muss den Gürtel abgeben wie im Knast, wird an privaten Stellen angefasst, die sonst für niemanden zugänglich sind – und all das in dem sicheren Bewusstsein, dass man selbst das Flugzeug ja nicht in die Luft sprengen will!

Die Wut, die hier hochschießt und die das Sicherheitspersonal aushalten muss, ist mit keinem Verstand zu bewältigen. Sie entsteht aus der demütigenden Zeremonie der Unterwerfung, die man übrigens in milderer Form auch bei ärztlichen Eingriffen erlebt oder durchleiden muss, wenn man sein Schicksal in die Hände der Anwälte legt. Diese Gefühle sind deshalb so intensiv, weil man genau weiß, dass man diese Machtdifferenz nie wird beseitigen können, gleichzeitig aber auch nicht fliehen kann – denn wer soll einen sonst retten?

Vater und Mutter aller Dinge

Da die Probleme von Macht, Streit und Konflikten das gesamte menschliche Leben im Kleinen wie im Großen durchziehen, sind sie so alt wie die Menschheit. Vom Gilgamesch-Epos über die Bibel bis zur Nibelungen-Sage, in alten wie neuen Geschichtsbüchern, in Kinofilmen und Fernsehsendungen wimmelt es nur so von Mord und Totschlag. *„Alles Leben entsteht durch Streit und Notwendigkeit“*, sagt uns ein dunkles Fragment Heraklits.[29] Ja – das Leben wird nicht nur durch Streit beendet, es könnte ohne Streit gar nicht erst beginnen: *„Man sagt, Sex sei eine Form des Streitens, weil Begehren seinem Wesen nach Streit ist.* Diese Bemerkung findet sich im Kamasutra,[30] einem in Indien im 3. Jahrhundert n. Chr. entstandenen Text, der zu den wichtigsten der Weltkulturgeschichte zählt.

Bis in die jüngste Vergangenheit ist der schon von Heraklit hergestellte Zusammenhang zwischen Streit und Leben immer wieder bestätigt worden, nicht zuletzt durch Charles Darwins These vom Kampf ums Überleben. Die neurobiologische Forschung meldet allerdings erhebliche Zweifel an deren absolutem Anspruch an.[31] Sie zeigt, dass die genetische Ausstattung des Menschen ihm in erster Linie die Werkzeuge zur Kooperation an die Hand gibt und der Streit erst einsetzt, wenn diese Mittel versagen.

Wenn der Krieg der Vater aller Dinge ist – wie Heraklit[32] an anderer Stelle sagt – ist die Kooperation die Mutter aller Dinge.

Die sechs Regeln der Macht

Die wichtigsten Erkenntnisse über die Macht und die Voraussetzung für Streit und Konflikte lassen sich in den oben entwickelten Regeln folgendermaßen zusammenfassen:

1. Macht erzeugt Differenzen und fordert Anpassung.
2. Streit wird durch verletzte Gefühle ausgelöst und aufrechterhalten.

3. Die Sucht nach Anerkennung ist die stärkste Triebfeder der Macht.
4. Die Macht dient nur sich selbst und keinem anderen Zweck.
5. Macht findet ihre Grenze nur in Rechtssystemen und individuellen Entscheidungen.
6. Nur die Lösung des Machtkampfes beendet den Streit.

Diese sechs Regeln bilden den Rahmen, in dem Konflikte sich entwickeln und gesteuert werden können. Dazu dient eine Vielzahl weiterer, situationsabhängiger Regeln, die selten verallgemeinert werden können. Wer fähig ist, sich für seinen Konflikt das richtige Drehbuch zu schreiben, wird diese Regeln leicht herausfinden.

Das Drehbuch der Konflikte

Ich habe in vielen Jahren unzählige Konflikte erlebt und analysiert. Obgleich ein Streit unendlich viele Formen annehmen kann, laufen Konflikte gleichwohl immer durch mehrere, stets gleich bleibende Phasen:

Feuer auf dem Dach

Der Streit bricht aus, meist hat er vorher lange Zeit geschwelt, aber jeder hat ihn verleugnet oder nicht ernst genommen. Jetzt, wo die Flammen hochschlagen, muss man auf ihn reagieren.

Panik und Gerede

Alle laufen durcheinander, einige schüren das Feuer, andere versuchen es zu löschen, einige leisten Hilfestellung, andere schneiden die Schläuche durch, es ist ein einziges Chaos.

Die Brücken werden verbrannt

Als Resultat dieses Durcheinanders beschließen die Streithähne, nicht mehr miteinander zu reden. Das vorhergehende Chaos hat sie überzeugt, dass das sinnlos ist und nur harte Gegenreaktionen, die planvoll aufgebaut werden, die andere Seite zur Vernunft bringen können. In dieser Phase werden oft (und meist zu spät) die Anwälte eingeschaltet

Krieg

Jetzt wird der Krieg förmlich erklärt, die Truppen mobil gemacht, Bündnisse geschlossen, das Kriegstheater (so nennt man das seit Clausewitz) eröffnet, auf dem die Schlachten geschlagen werden.

Verhandlung

Auch in heftigen, offenen Auseinandersetzungen gibt es immer wieder Verhandlungsphasen. Man findet sie manchmal (aber selten) vor Kriegsausbruch, denn Verhandeln setzt ja voraus, dass man miteinander spricht, und das kann man nicht, wenn die Brücken verbrannt worden sind. Der offene Krieg hingegen führt die Parteien immer wieder in Verhandlungssituationen. Sie können nur erfolgreich abgeschlossen werden, wenn es zum Kompromiss kommt.

Scheitern die Verhandlungen, dann gibt es nur diese drei Ergebnisse eines Konflikts. Sieg oder Niederlage beenden zwar den aktuellen Konflikt, können aber sehr wohl Auslöser für neue Konflikte werden. Nur ein Vergleich, der Kompromisse enthält, reicht tief genug in die Gefühlsebene, um einen längeren Frieden zu sichern.

Auch innerhalb jeder einzelnen Phase kann man mit hoher Wahrscheinlichkeit voraussagen, wie sie sich jeweils entwickeln wird, wenn man typische Konfliktabläufe gesehen hat.

Allerdings ändert sich die Reihenfolge dieser Phasen gelegentlich: Es kann vorkommen, dass vor dem Krieg länger verhandelt wird, und es kann auch die Panik-Phase sofort in den Krieg übergehen. Im Grunde können wir an dem Drehbuch der Konflikte wenig ändern, die Natur hat es uns vorgeschrieben.

In den nächsten Kapiteln werden wir sehen, dass die Situationen, die Konflikte auslösen, unsere Reaktion darauf, die Höhe der Schwelle, die für uns Konflikt bedeutet, und die Art und Weise, wie wir uns später verhalten, ganz überwiegend durch die Biologie, die Psychologie und unser Sozialverhalten bestimmt sind. Falls es einen freien Willen gibt – was ich hier einmal unterstellen möchte –, schreibt er in diesem Drehbuch nur wenige Zeilen.

Der Fürst auf dem Kostümfest

„Ja, das Regieren ist eine schwere Aufgabe – die anderen amüsieren sich hier – ich studiere die Möglichkeiten der Uniformierung."

II.

MACHIAVELLI IN SEINER ZEIT

Florenz: Der schnelle Brüter / Ein Umfeld für Genies / Familie, Ausbildung, Politisches Umfeld / Staatssekretär im Außenamt und im Kriegsministerium / Der Denker und Poet / Neue Aufträge / Ein erfahrener Konfliktmanager

An einem warmen Sommerabend des Jahres 1502 hätten wir in einem der Paläste der Orsini oder Pazzi in Florenz interessante Leute kennen lernen können. Dort steht Leonardo da Vinci (50) (unter anderem Maler, Naturwissenschaftler, Erfinder etc.), der gerade von Mailand nach Florenz zurückgekehrt ist, und erläutert Cesare Borgia (27) kunstvolle Belagerungsmaschinen, für die dieser angriffslustige Condottiere sich brennend interessiert: Ein Jahr später wird er Leonardo zum Chefingenieur seiner Truppe ernennen. Daneben steht Michelangelo Buonarotti (27), der gerade an der Statue des David arbeitet, deren Kopie heute noch in Florenz vor dem Palast der Stadtregierung (Signoria) steht. Auch Sandro Botticelli (57) ist da, der aber seit Savonarolas Sturz vor vier Jahren keine schönen Frauen mehr malt – einige Bilder hat er sogar freiwillig auf den Scheiterhaufen geworfen – und sich jetzt religiösen Themen – mit immer noch schönen Frauen – widmet.

Er begrüßt Machiavelli (33), der eben eintritt und gerade von einer mehrwöchigen Reise aus Frankreich kommt, wo er mit den Diplomaten Ludwigs XII. verhandelt hat. Denn gerade wieder gibt es Streit um Neapel, in den auch Papst Alexander VI. und Kaiser Maximilian I. verwickelt sind. Über diese Mission kann er als verschwiegener Staatssekretär im Außenamt nichts berichten, und so unterhält man sich über Architektur, die große Kuppel des Doms, eine statische und ästhetische Meisterleistung von Brunelleschi, die seit 1436 über der Stadt schwebt.

Einen vergleichbaren Quantensprung in der technischen Entwicklung hat es erst wieder in der Industriellen Revolution des 19. Jahrhunderts gegeben.

Ein Umfeld für Genies

Das Florenz der Renaissance bot Voraussetzungen für diese Erfolge, die selten zusammentreffen. Vier wesentliche Faktoren mussten zusammenkommen, um in dem kurzen Zeitraum zwischen 1420 und 1520 die Basis für eine Wissenschaft und Kunst zu legen, die nicht nur Europa, sondern die ganze Welt geprägt hat:

- Das enge Zusammenwirken hochbegabter Leute.
- Freies Denken und Sprechen.
- Politische Bewegungsfreiheit.
- Die Förderung Begabter durch Anerkennung und Erteilung laufender Aufträge.

Entscheidend ist zunächst die Ansammlung unterschiedlich begabter Leute auf engstem Raum, auf dem sie sich täglich begegnen können. Auch ein Universalgenie wie Leonardo da Vinci braucht Menschen, mit denen er über seine Gedanken reden kann, und diese Leute müssen selbst etwas zu bieten haben. Das Internet versucht uns heute diese Marktplätze zu ersetzen, auf denen man sich damals immer wieder über den Weg laufen konnte. Das ist aber – wie auch neuere Untersuchungen ergeben haben – deshalb nicht möglich, weil dieses Medium bei weitem nicht alle

Informationen übermittelt, die in einer persönlichen Begegnung erreichbar sind.[33] Deshalb ist auch heute noch die räumliche Konzentration eine wichtige Voraussetzung. Auch große Universitäten können nur in der Verdichtung und Überschneidung der unterschiedlichsten Fächer (Cluster) entstehen, wie es uns die Max-Planck-Institute, das Massachusetts Institut of Technology (MIT) oder Universitäten wie Oxford, Harvard, Yale u. a. zeigen.

Die zweite Voraussetzung für den Erfolg der Renaissance war die Befreiung des Denkens aus den mittelalterlichen Strukturen. Das Mittelalter war aus unterschiedlichen Gründen in seinem ganzen Denken und Fühlen auf das Jenseits gerichtet und durch die enge Verbindung von Kreuz (Kirche) und Schwert (Politik) gekennzeichnet. Dieses Bündnis bröckelte, als man in Italien die antiken Kunstwerke Roms und Athens entdeckte und aus ihnen die Wiedergeburt eines neuen unabhängigen Denkens herzuleiten lernte. Vorher allerdings entwickelte die Kirche eine beängstigende Macht und Prachtentfaltung. Wie immer, wenn ein System spektakulär zusammenbricht, entfaltet es vorher eine Todesblüte, die der absolut korrupte Spanier Alexander VI. eindrucksvoll verkörpert. Päpste dieser Art konnten 100 Jahre zuvor noch Johannes Hus verbrennen, bei Luther gelang ihnen das 1521 auf dem Reichstag zu Worms – also noch zu Lebzeiten Machiavellis – nicht mehr.

Die dritte Bedingung war eine politische: Florenz hatte schon durch Karl den Großen im Jahr 786 Privilegien erhalten und war seit 1250 Republik geworden. Sie war eine der größten Städte Europas. Von modernen Stadtstaaten wie etwa

Berlin oder Hamburg unterschied sie sich nur durch die Zahl der Wähler. Von etwa 120.000 Einwohnern waren nur circa 3.000 wahlberechtigt, und in den unterschiedlichen Ausschüssen, die die Regierungsgeschäfte betrieben, durften nur Leute tätig sein, die keine Steuerschulden hatten.

Politischen Einfluss hatten im Wesentlichen der Adel und die Popolani – Bürger, die überwiegend durch Handel reich geworden waren, wie etwa die Medici. Trotz dieser Beschränkungen war in der Stadt – wie auch in anderen italienischen Stadtstaaten, vor allem in Venedig – die Machtverteilung in ständiger Bewegung. Viele konnten sich an den Regierungsgeschäften beteiligen, konnten wählen und gewählt werden, es konnten sich Parteien und Interessengruppen bilden, die sich teils örtlich (Stadtteile: „Rioni“) teils fachlich (Handwerksgilden: „Arti maggiori") oder auch nach Erfahrung („12 Weise“) aufteilten.

Ein anhaltender Umsturz des Denkens konnte aber nur unter einer vierten Bedingung erfolgreich sein: Es musste Leute geben, die Interesse an der Arbeit von Wissenschaftlern und Künstlern hatten, um sich mit deren Ideen zu schmücken und so vor den anderen herauszuheben. Damals wussten die führenden Politiker, dass ihr Name mit Respekt genannt werden würde, wenn sie ein großes Werk der Architektur, der Malerei oder der Technik in Auftrag gaben. Heute, zu demokratischen Zeiten, werden solche Aufträge durch Wirtschaft und Verwaltung vergeben und der Ruhm kommt eher den Urhebern als den Auftraggebern zu. Politiker können sich heute nur unsterblich machen, wenn sie Gesetze nach sich benennen (ob allerdings die Herren Hartz,

Riester und Rürup viel Freude daran haben, wird man bezweifeln dürfen).

Machiavelli, seit vier Jahren im Amt, steht im Zentrum dieses Orkans aus Wissenschaft, Kunst, politischer und intellektueller Freiheit. Er hat sein Handwerk unter diesen Bedingungen gelernt und die gleichen Aufgaben zu erfüllen, denen ein moderner Politiker oder Manager sich gegenüber sieht. Welche Einflüsse ihn prägten, ist aus der nachfolgenden Skizze gut zu erkennen.

Familie, Ausbildung, Politisches Umfeld

3. Mai 1469	Machiavelli wird in Florenz geboren. Sein Vater ist Anwalt und Notar, praktiziert aber kaum und ist eher Privatgelehrter, der von seinem kleinen Landgut lebt. Er gehört nicht zu den großen Familien von Florenz. Lorenzo de Medici (genannt: Der Prächtige) (1449–1492) wird Stadtherr (Gonfalionere) von Florenz.
1475	Cesare Borgia, illegitimer Sohn des späteren Papstes Alexander VI. und der Vanozza de Cattanei, wird in Rom geboren – er ist eines der wichtigsten Vorbilder für den „Fürsten".
1475 – 1485	Machiavelli erhält privaten Unterricht durch seinen Vater anhand klassischer griechischer und römischer Texte berühmter Dichter, Historiker und politischer Schriftsteller. Vater und Sohn sind lebenslang sehr freundschaftlich verbunden. Über die wahrscheinlich nachfolgende berufliche Tätigkeit Machiavellis bis 1498 ist nichts bekannt.
1492	Der spanische Kardinal Rodrigo Borgia (62) kauft sich das Amt des Papstes und regiert als

Alexander VI. Seinen Sohn Cesare (18), der keinerlei theologische Ausbildung genossen hat, versieht er 1493 mit Kardinalswürden.

1494 Piero und Giovanni de Medici, die Söhne von Lorenzo († 1492) werden aus Florenz vertrieben. Traditionelle Adelsfamilien und reiche Händler streiten um Einfluss. Der Dominikanermönch Girolamo Savonarola (42) gewinnt durch seine Bußpredigten (seit 1489) so großen Einfluss, dass umfangreiche Verfassungsreformen entstehen.

23. Mai 1498 Savonarola wird auf Druck des Papstes, dessen Verderbtheit er offen angreift, gefoltert, hingerichtet und verbrannt. Die von ihm neu gestaltete republikanische Verfassung bleibt jedoch bis zum Sturz der Republik (1512) in Kraft.

Staatssekretär im Außenamt und im Kriegsministerium

28. Mai 1498 Machiavelli wird durch den Rat der 80 (Consiglio degli Ottanta) als Leiter der Zweiten Kanzlei (Seconda Cancelleria) vorgeschlagen, die überwiegend für die Außenpolitik zuständig ist. Dieses Amt befindet sich auf der dritten Hierarchie-Ebene unterhalb des zuständigen Ministers (Cancellario), des Literaturprofessors Marcello Virgilio Adriani, heute vergleichbar dem Staatssekretär.

Bis zu seiner Amtsenthebung (1512) nimmt Machiavelli an 23 Gesandtschaften im Ausland und vielen Verhandlungen im Inland teil, davon allein 52 mit Cesare Borgia.

Mitte 1498 Ihm wird vom Rat der 10 (dieci di libertà e di pace) auch die Kompetenz für militärische Angelegenheiten übertragen. Ludwig XII. wird französischer König (bis 1515).

August 1501	Heirat mit Marietta Corsini, vermutlich 15 Jahre jünger und Tochter eines Händlers. Sie haben fünf Kinder.
1502	Nach chaotischen Machtkämpfen zwischen dem Adel und anderen wahlberechtigten Bürgergruppierungen wird Piero Soderini (1448–1522), damals 54 Jahre alt, zum Stadtherrn gewählt, erstmals auf Lebenszeit. Machiavelli berichtet direkt an ihn. Leonardo da Vinci wird leitender Militäringenieur der Söldnertruppe von Cesare Borgia, nunmehr Herzog von Valence und der Romagna, der überwiegend für Frankreich kämpft.
1503	Alexander VI. stirbt. Cesare Borgia (28) unterstützt die Wahl von Papst Julius II., der ihn kurz danach verhaften und nach Spanien ausweisen lässt. Von dort kann er nach zwei Jahren wieder fliehen. Machiavelli steht in den Jahren zwischen 1503 und 1512 mitten auf der Bühne des italienischen „Kriegstheaters".
1504	Machiavelli beginnt mit dem Aufbau einer Miliz, um Florenz von Söldnertruppen unabhängig zu machen. Er nimmt mit diesen Truppen 1509 überraschend das abtrünnige Pisa ein – sein größter militärischer Triumph.
1507	Cesare Borgia (32) geht sehenden Auges in eine Falle seiner Gegner und stirbt kämpfend.
1508 – 1519	Kaiser Maximilian I. (49), „der letzte Ritter", umfassend gebildet (Schriftsteller, Maler), perfektioniert das Söldnerwesen („Vater der Landsknechte"). Julius II., ein aggressiver Papst, der französische König Ludwig XII. (1498–1515) und die oberitalienischen Städte bekämpfen einander in wechselnden Koalitionen.
1510	Machiavelli beginnt eine längere Beziehung zu Riccia, einer Kurtisane. Politische Gegner nut-

	zen das zu einer anonymen Anzeige bei den Ufficiali di Notte (Überwacher der Nacht).
30. August 1512	Piero Soderini gerät unter starken militärischen Druck von Maximilian I., dessen spanische Truppen Prato bei Florenz belagern. Starrsinnig lehnt er einen Vergleich ab und provoziert die hungernden Spanier zum Sturm auf die Stadt. Beim „Sacco di Prato" werden 4.000 Einwohner abgeschlachtet, vergewaltigt und geplündert. Soderini flieht nach Siena.

Der Denker und Poet

7. Nov. 1512	Die Medici unter Giuliano de Medici kehren nach Florenz zurück und übernehmen de facto mächtigen Einfluss auf die Stadtregierung. Machiavelli und seine Kollegen werden aus ihren Ämtern entlassen, Machiavelli auch aus der Stadt verbannt.
1513	Giovanni de Medici wird als Leo X. Papst und stärkt die Position der Familie.
Februar 1513	Florentiner Bürger (Boscoli/Capponi) verschwören sich gegen die Medici. Auf ihrer Liste der Sympathisanten findet sich der Name von Machiavelli, der jede Mitwisserschaft bestreitet. Er wird zwei Monate verhaftet und durch Seilreißen an Armen und Händen gefoltert, im März 1513 jedoch entlassen und lebt seither mit seiner Frau und den fünf Kindern auf seinem Landgut.
1513	In nur sechs Monaten schreibt Machiavelli „Il Principe" (Der Fürst), ein Buch, das ihn 200 Jahre später weltberühmt machen wird. Machiavelli schreibt an den Discorsi weiter.
1514	Lorenzo II. de Medici übernimmt die Stadtregierung unter allmählicher Missachtung aller verfassungsrechtlichen Regeln. Sein Verwandter, Papst

	Leo X., ernennt ihn zum Herzog von Urbino. Machiavelli hat eine intensive Liebesaffäre mit der Schwester von Nicolo Tafani, die von ihrem Mann verlassen worden war *(„Eine vollkommene Seele, in der alles Schöne ganz eingeschlossen ist.")*.
1516	Machiavelli lässt Lorenzo II. de Medici eine ihm gewidmete Abschrift des „Principe" überreichen, um sich für Ämter zu empfehlen. Die Schrift wird ignoriert und erst fünf Jahre nach seinem Tod (1532) veröffentlicht.
1517 – 1527	In diesen zehn Jahren vollendet Machiavelli die „Discorsi" (einen Kommentar zu Titus Livius), schreibt ein Buch über die Kriegskunst und eine Abhandlung über die italienische Sprache.
1517 – 1519	Machiavelli schreibt die Komödien „Andria" und „Mandragola". Letztere wird mit großem Erfolg in Florenz uraufgeführt.

Neue Aufträge

1519 – 1527	Machiavelli erhält einzelne Aufträge, teils als Insolvenzverwalter, teils mit diplomatischem Hintergrund. In Handelsangelegenheiten sendet man ihn nach Lucca, 1591 organisiert er eine Verwaltungsreform bei den Minoritenmönchen in Capri („Holzpantoffel-Republik"), 1595 berät er Papst Clemens VII. (de Medici) wegen der Aufstellung von Milizen.
8. Nov. 1520	Andere historische und politische Schriften, darunter „Das Leben Castruccio Castracanis aus Lucca" helfen, den Auftrag der Medici-Familie zu erhalten, gegen geringes Honorar eine Geschichte der Stadt Florenz zu schreiben. Die Arbeit wird 1525 beendet.
6. Mai 1527	Die spanischen und deutschen Söldnertruppen Karls V. plündern und brandschatzen Rom

	(Sacco di Roma). Das „grauenvolle Jahr“ wird von Pest und Hungersnöten in Florenz begleitet, die Medici von dort ein letztes Mal kurzzeitig vertrieben.
Mai / Juni 1527	Am 16. Mai 1527 wird die alte freiheitliche Verfassung der Republik wiederhergestellt und Machiavelli bewirbt sich erneut um seine früheren Ämter. Von 567 Stimmen erhält er aber nur 12 und zieht sich erneut resigniert zurück. Am 22. Juni 1527 stirbt er in Florenz.
1532	Unter dem Druck des Kaisers übernimmt Alessandro de Medici die Stadtregierung, wird zum „Herzog der Republik“ erklärt und die Verfassung der Republik einschließlich ihrer Ämter insbesondere der Signoria abgeschafft. Die Verfassung der Republik, für die Machiavelli sein ganzes Leben lang eingetreten ist, gibt es nicht mehr.

Ein erfahrener Konfliktmanager

Machiavellis Lebenslauf zeigt auf den ersten Blick, warum wir uns bei ihm qualifizierten Rat darüber holen können, wie man mit Konflikten richtig umgeht. Vom ersten Tag im Amt bis eine Woche vor seinem Tod war er fast 30 Jahre ausschließlich damit beschäftigt, Konflikte zu managen und über sie nachzudenken.

Er hat massiv darunter gelitten, dass er nach zwölf Jahren sein Amt verlor und so in die theoretische Arbeit gezwungen wurde, weil er lieber politisch gewirkt hätte. Wie sehr er in seinem Thema lebte, zeigt sich schon daran, dass er den „Principe“ ein Jahr nach seiner Entlassung in nur sechs Monaten in einem Zug niederschrieb. Diese Theorie der Praxis konnte nur einer schreiben, der in zwei Welten zu Hause war: dem jahrelangen Training durch die Praxis und der soliden, intellektuellen Ausbildung, die für den damaligen Humanisten die „Sieben Freien Künste" umfasste: Grammatik, Rhetorik, Dialektik, Arithmetik, Geometrie, Musik und Astronomie. Da sein Vater, der Jurist, sein wichtigster Lehrer war, hat er darüber hinaus intensiv Geschichte und Rechtskunde erlernt, Kenntnisse, die sich vor allem in den „Discorsi" widerspiegeln.

Seine Bücher sind Feldforschungsberichte aus dem Gelände der Macht, ihrem Missbrauch und ihrem Erfolg. Nach den großen Autoren der Antike (Livius, Thukydides etc.) ist er der erste moderne Autor, der die widersprüchliche Realität schonungslos analysiert und sich nicht durch Denk- oder Sprachverbote behindern lässt. Welches Risiko er damit einging, war ihm völlig klar. Über seinen Plan, die Regeln der Macht in aller Offenheit zu beschreiben, sagt er: *„Da es aber meiner natürlichen Veranlagung entspricht, stets immer ohne Rücksicht alles zu tun, was nach meiner Ansicht für das Allgemeinwohl von Nutzen ist, habe ich mich entschlossen, einen Weg zu beschreiten, den noch nie jemand gegangen ist."*[34]

Er spricht wenig in Bildern, ist völlig unideologisch und – wie ich bald zeigen werde – keinesfalls unmoralisch. Seine Darstellungen sind große Literatur, denn sie haben den *„Mut der Erkenntnis und des Ausdrucks"* (Thomas Mann).

Seine überragende Bedeutung für die Konfliktforschung im Großen wie im Kleinen zeigt sich nicht nur daran, dass auch heute noch seine Bücher und populäre Auszüge aus ihnen in großer Zahl weltweit immer wieder gedruckt werden. Sie zeigt sich vor allem im Begriff „Machiavellismus“, der sich nicht nur im Deutschen, sondern auch im Englischen (machiavellism), im Französischen (machiavellíque) und im Italienischen (machiavellismo) findet.

Es liegt eine gewisse Tragik darin, dass Machiavelli so mit einem Menschen identifiziert wird, der seine Machtposition bedenkenlos durchsetzt, denn er selbst hatte dazu in seinem Leben nie Gelegenheit: *„Wenn er ein Machiavellist gewesen wäre, (hätte er) statt des Principe wohl eher ein aus rührenden Sentenzen zusammengesetztes Buch geschrieben. In Wirklichkeit war Machiavelli in der Defensive …“*[35]

Ekstase

„So 'ne Nordlandreise einfach tadellos. Diese gigantischen Gletscher, diese romantischen Felsentäler, dies verblüffende Wasser! Man möchte permanent stramm stehen und die Hacken zusammenschlagen."

III.

DIE MACHTTIERE
WIE BIOLOGIE, PSYCHOLOGIE UND SYSTEME DEN STREIT BESTIMMEN

Überlebensstrategien / Die Sinne konstruieren die Welt / Fühlen, Denken und Handeln / Niemand ist zu dumm zum Fühlen / Blut ist dicker als Wasser / Gefühlsamputationen / Hierarchie, Rang und Rollen / Auf die Personen kommt es an / Das Medium ist die Botschaft / Körpersprache und Konflikte / Vernunft, Komplexität und Vertrauen

Die oben skizzierte Behauptung, hinter jedem Konflikt sei – unabhängig von den nach außen hin erkennbaren Motiven – stets ein Machtkampf zwischen Menschen verborgen, soll nun näher begründet werden. Dabei müssen wir an den biologischen Wurzeln unseres Verhaltens und unserer Entscheidungen ansetzen.

Die tiefste Wurzel dieses Verhaltens ist die Selbsterhaltung jedes Einzelnen ohne Rücksicht auf die Erhaltung anderer (das Darwin-Spencer-Modell).[36] Allerdings wird dieses biologische Muster bei Menschen vielfältig durchkreuzt, relativiert oder sogar – wie man am Freitod sehen kann – in sein Gegenteil verkehrt. Das ändert aber nichts daran, dass jeder von uns sich selbst als ein System betrachten muss, dessen Zweck ausschließlich darin besteht, dass es überlebt. Wäre diese biologische Aufgabe durch moralische Überlegungen gefährdet, könnte sie nie erfolgreich gelöst werden. Deshalb hat die Natur keine Moral.

Wenn Machiavelli sagt: *„Ein Fürst, der sich behaupten will, {muss} im Stande sein, schlecht zu handeln, wenn die Notwendigkeit es erfordert"*,[37] will er nichts anderes sagen als: Wer anders handelt, gefährdet sein Überleben. Das bedeutet aber auch: So lange es noch nicht um Überlebensfragen geht, darf die Regel nicht angewendet werden! Das haben viele seiner Interpreten übersehen, wenn sie behaupteten, Machiavellis Thesen seien für alle Lebenslagen gemacht. Nein – sie sollen seiner Ansicht nach nur gelten, wenn es ums Überleben geht. Wer selbst keine eigene politische, finanzielle oder strategische Stärke hat, kann schnell in einen solchen Zustand geraten: *„Es war stets die Meinung der Weisen, dass nichts so schwach und unbeständig sei, wie der Ruf einer Macht, die nicht auf eigenen Füßen steht.“*[38] Wer hingegen für Stärke gesorgt hat, steht gar nicht vor dem Konflikt, in den die Schwachen hineinlaufen. Dadurch entsteht Unabhängigkeit.

Diese Unabhängigkeit hat nichts mit der Bereitschaft zur Aggression zu tun, wie man an den politischen Entscheidungen Mahatma Gandhis gut erkennen kann. Gandhi hat keinesfalls den Streit abgelehnt, er hat sich nur gegen offene Gewalt und für passiven Widerstand ausgesprochen. Gandhi hat gezeigt, wie man seine Macht auch dadurch vergrößern kann, dass man die eigenen Ansprüche so weit wie möglich senkt.

Die Sinne konstruieren die Welt

Einen Konflikt kann man nur bewältigen, wenn man erkennt, dass es ihn gibt, und die Erkenntnis von Tatsachen setzt voraus, dass man eine bestimmte Tatsache von einer anderen unterscheiden kann: Die Möglichkeit, Unterschiede zu machen, ist keinesfalls selbstverständlich, sondern hängt von unserer subjektiven Wahrnehmung ab. Manche Leute können im Dunkeln etwas sehen, was anderen verborgen bleibt; manche haben Informationen, über die andere nicht verfügen, und schließlich bewertet jeder die Dinge anders.

Das beruht ausschließlich auf den individuellen Unterschieden der fünf Sinne, die sowohl genetisch wie durch ihre Entwicklung ganz unterschiedlich sind: Nicht zufällig kommen viele Musiker aus Musikerfamilien, denn der Hörsinn ist schon im Mutterleib voll entwickelt und das ungeborene Kind nimmt bereits Musik wahr. Sobald das Gehirn sich entwickelt, verleiht es den fünf Sinnen Orientierung und koordiniert sie. Einige Sinne wie z. B. der Geruch haben unmittelbaren Zugang zu Gehirnregionen, die zum limbischen System gehören.

Diese Strukturen sind u. a. an der emotionalen Steuerung beteiligt, so dass Geruchserinnerungen zu den tiefsten gehören, die wir haben. Während die westliche Wissenschaft dazu neigt, das Gehirn als Antipode zu den Sinnen und Gefühlen zu interpretieren, neigen asiatische Lehren zu einer einheitlichen Sicht und betrachten daher das Gehirn eher als den sechsten Sinn des Menschen. Diese unterschiedliche Auffassung wirkt sich – wie wir später sehen werden – in vieler Hinsicht auf die Konfliktstrategien dieser Kulturkreise aus.

Da jeder von uns ein in sich geschlossenes eigenes System darstellt, fällt es uns sehr schwer, die Realitätswahrnehmungen eines anderen nachzuvollziehen. Denn wir verfügen ja nicht über seine genetische Ausstattung oder seine Erfahrungswelt. Wie die Wahrnehmungspsychologie in den letzten Jahren herausgefunden hat, gibt es eine gemeinsame Interpretation von Tatsachen nur dort, wo Menschen die Chance und den Willen haben, sich darauf zu einigen.

Auf dem Fußballfeld besteht dazu wenig Gelegenheit. Ob der Italiener Materazzi bei der Weltmeisterschaft 2006 zu Zidane tatsächlich gesagt hat, er sei der *„Sohn einer terro-*

ristischen Hure“ oder auch nur „*Deine Schwester ist eine Hure*“, spielt gar keine Rolle, weil schon weit harmlosere Bemerkungen für einen Franzosen, der aus Algier stammt, völlig unerträglich sind. Materazzi aber behauptete, in Italien seien das nur harmlose Scherze. Trotz dieses offenkundigen Widerspruchs hört man immer wieder einen Kommentator sagen, dies sei „objektiv“ eine Beleidigung.

Diese Objektivität gibt es nicht. Die etwa 10.000 Kulturen, die wir auf der Welt kennen, kann man in zwölf unterschiedliche Denkarten einteilen. Das sind überwiegend in sich geschlossene Systeme wie etwa das Christentum, der Islam, der Buddhismus u. a., die die Welt nicht nur anders interpretieren, sondern auch die Wirklichkeit unterschiedlich wahrnehmen.[39] Innerhalb jedes dieser Systeme befinden sich Millionen von Subsystemen wie Religion, Recht, Naturwissenschaft, Heilkunde oder Künste, wie etwa die Musik. Mozarts Werke sind genauso wenig „objektiv“ Musik, wie das arhythmische Gekratze eines mehr oder weniger geistesabwesenden Diskjockeys auf seinen alten Platten. Musik ist ein Arbeitsbegriff, der in bestimmten Kontexten in die Klassik und in anderen in die Moderne verweist. Sie halten jetzt zweifellos etwas in der Hand, das wir beide als „Buch“ bezeichnen würden. In wenigen Sekunden kann daraus aber eine „Fliegenklatsche“ werden.

Deshalb sollten wir uns darauf konzentrieren wahrzunehmen, welche Reaktionen die Leute zeigen, denen wir zu nahe getreten sind, und uns bemühen, den Streit unabhängig davon zu bewältigen, wie jeder Beteiligte ihn interpretiert. Die „objektive Realität“ hilft uns leider wenig dabei.

Machiavelli konnte über diese wissenschaftlichen Erkenntnisse nichts wissen. Ihm war aber durch Beobachtung klar, dass *„die Masse der Menschen (…) sich ebenso gut mit dem Schein abspeisen {lässt}, wie mit der Wirklichkeit; ja häufig wird sie mehr durch den Schein der Dinge als durch die Dinge selbst bewegt.“*[40] Dadurch ist auch die *„Furcht vor dem Unheil oft größer als das Übel selbst“.*[41] Er hat auch die Frage beantwortet, warum die großen Unterschiede in der Wirklichkeitswahrnehmung und ihrer Bewertung sich praktisch nur selten auswirken. Im Alltag sind wir nämlich überwiegend mit Menschen zusammen, denen wir oft begegnen und deren Ansichten wir kennen.

Wir können uns mit ihnen sowohl über Tatsachen sowie über Bewertungen leicht einigen, denn unsere täglichen Erfahrungen (und nicht nur ein abstraktes Wissen) lassen uns erleben, dass diese Menschen in vielen Fällen die Realität genauso beurteilen wie wir selbst. Dahinter steht die klare Erkenntnis, dass niemand unsere individuellen Erfahrungen besser verstehen kann als wir selbst: Der Schmerz endet an den Fingerspitzen jedes Einzelnen und kann nicht übertragen werden. Mitgefühl ist nichts anderes als das eigene Gefühl. Streit entsteht, wenn Differenzen (im wahrsten Sinn des Wortes) bei der Beurteilung von Tatsachen und Meinungen auftreten.

Fühlen, Denken und Handeln

Dieser Streit bleibt solange theoretisch, bis er sich in Handlungen realisiert. Das, was im Streit geschieht, werden wir besser verstehen können, wenn wir der Frage nachgehen, wie Fühlen, Denken und Handeln zusammenwirken.

Die Entwicklung bildgebender Verfahren ermöglicht heute Einblicke in die Gehirnaktivität eines lebendigen Menschen, der zum Beispiel in einem Computertomographen steckt und verschiedenen visuellen, akustischen oder emotionalen Reizen ausgesetzt wird.[42]

Man hat dabei herausgefunden, dass die rechte Gehirnhälfte eher an der Entstehung der Emotionen beteiligt ist und in der linken die Anlagen der Sprachfunktionen liegen. Beide sind mit einer Brücke verbunden. Diese biologische Trennung erklärt am einfachsten, warum wir Gefühle völlig anders erleben als die Tätigkeit des Verstandes.

Allerdings ist das Verhalten „rationales Denken" nur in Verbindung mit bestimmten emotionalen Zuständen (wie z. B. Besonnenheit, Entspanntheit, Neugier, Enthusiasmus, aber auch leichtem Stress und Ehrgeiz) möglich.

Man muss, um rational denken zu können, sich in einem bestimmten emotionalen Zustand befinden, der frei von heftigen Gefühlen wie Angst, Wut und Ärger ist – erst so werden theoretisches Denken und Handlungsplanung ermöglicht. Für die praktische Umsetzung des Plans muss man sich anderer Emotionen bedienen – man muss sich an den Leidensdruck erinnern und sich die möglichen Erfolge und Nutzen bewusst machen –, so erst kann die rational geplante Handlung in die Tat umgesetzt werden. *„Verstand und Vernunft brauchen Gefühle zu ihrer Durchsetzung."*[43]

Diese Einsicht ist ganz selbstverständlich, wird aber bei Konflikten schnell vergessen: Man argumentiert ständig auf der Verstandesebene; aber der Zugang zum Verstand hängt davon ab, dass die Gefühle, die den Zugang der Argumente blockieren, ihn freimachen. Sieht man sich einer Gruppe gegenüber, kann man diese Aufgabe sehr schwer lösen, weil jeder in der Gruppe eine unterschiedliche Gefühlslage hat.

Diese Dominanz der Gefühle wird uns selten bewusst, weil die Einschaltung der Vernunft in Konfliktsituationen eine große kulturelle und moralische Leistung ist, die man keinesfalls selbstverständlich nennen kann. Die typische Ausgangssituation jedes Konflikts ist die Ansicht des einen, das Glas sei halb voll, und des anderen, es sei halb leer. Beide Behauptungen sind von emotionalen Bewegungen getrieben, die jede der Parteien innerhalb ihres eigenen Systems empfindet, ohne Antennen dafür zu haben, wie es auf der Gegenseite aussieht.[44]

Betrachtet man die tieferen Lagen des Konflikts und nähert man sich dem Kern der Machtdifferenzen zwischen den Parteien, dann erst entdeckt man, wie stark diese Gefühlslagen sind. Deshalb ist es so unendlich gefährlich, die Ehre eines Gegners anzugreifen: *„Ich halte es für einen der größten Beweise menschlicher Klugheit, sich in seinen Worten jeder (...) Beleidigung zu enthalten. (...) Beleidigungen steigern den Hass {des Feindes} gegen dich, und spornen ihn an, nachhaltiger auf dein Verderben zu sinnen."*[45]

Da jeder Mensch sein eigenes geschlossenes System bildet, haben wir alle unsere Mühe, uns vorzustellen, was in den anderen um uns herum tobenden Systemen eigentlich vorgehen mag.

Ein Forscherteam um Professor Rizzolatti von der Universität Parma hat uns dabei in jüngerer Zeit erheblich weitergeholfen. Man fand heraus, dass es *„Nervenzellen der sensiblen Hirnrinde {gibt}, die Vorstellungen von Empfindungen gespeichert haben“*[46] – die Spiegelneuronen. Sie bilden offenbar die biologische Basis dafür, dass wir Schmerz in einem gewissen Umfang mitleiden können. Dies allerdings nur, wenn wir einen vergleichbaren Schmerz selbst einmal erlebt haben und so speichern konnten.

Die Spiegelneuronen können eine Vielzahl von Phänomenen erklären, die uns bisher rätselhaft erschienen sind. Zum einen lassen sie vermuten, dass es eine „Emotionale Intelligenz“[47] entgegen vielen kritischen Bemerkungen doch gibt. Sie können uns auch erklären, warum Blut dicker ist als Wasser: Unsere Verwandten sind genetisch mit uns verbunden, oft kennen wir sie aus jahrelangem Zusammenleben oder häufigen Begegnungen, und daher wissen wir nicht nur mehr über sie als andere, sondern wir können uns in ihre Parallelwelt weit besser einfühlen, als in jene unbekannter Menschen.

Die tiefe Verbindung zwischen Gefühlen und Handlungen ist auch im Rechtssystem in jüngerer Zeit anerkannt worden. Wenn man einen anderen mit Drohungen,

Schreck oder Ekel nachhaltig in einen schweren pathologischen Zustand versetzt, ist das Körperverletzung[48] – und genauso empfindet man es ja auch, wenn man selbst betroffen ist. So können Worte Taten spiegeln und werden selbst zu Taten.

Gefühlsamputationen

Vor diesem Hintergrund ist es sehr leicht zu verstehen, dass Menschen, die keinen unmittelbaren Kontakt mehr zu ihren Gefühlen haben, die größten Schwierigkeiten haben, die Gefühle anderer auch nur zu erkennen, geschweige denn auf sie einzugehen.

Die Forschung hat in einer Vielzahl von Experimenten entdeckt, dass Menschen umso stärkere Gefühle entwickeln, je näher sie anderen Menschen sind, und dass ihre moralischen Kategorien sich ändern, wenn sie durch andere – vor allem in Gruppen, wie etwa dem Militär – manipuliert werden.[49] Die meisten von uns könnten keinen anderen persönlich mit einem Dolch erstechen, aber einen Knopf drücken, um Bomben abzuwerfen, ist für wenige ein Problem.[50] Man kann das nur als Gefühlsamputation bezeichnen und muss es wörtlich nehmen: Die Zahl der Menschen, die Gefühle anderer nicht wahrnehmen können, weil sie selbst gefühllos sind, nimmt zu – und damit die Zahl der Konflikte.

Unsere biologischen Voraussetzungen sind offenbar so entstanden, weil sie sich im Zusammenleben mit anderen Menschen unter Bewältigung von Konflikten mit ihnen als leistungsfähig erwiesen haben: *„Soziale Interaktionen dienen der Gen-Ausbreitung“*, schreiben die Aggressionsforscher Wickler und Seibt. Jede dieser Interaktionen hat die Chance, sich zu einem Streit zu entwickeln. Dieser Streit geht in erster Linie um den Rang, den wir in den Augen der anderen haben (unser Machtzentrum), auf der Oberfläche allerdings um viele einzelne Konfliktherde, die wir täglich erleben.

Seit Tausenden von Jahren wurden immer wieder utopische Ideen darüber entwickelt, solche Ränge abzuschaffen und auf Hierarchie zu verzichten. Ob man es nur theoretisch versucht hat, wie Tommaso Campanella im „Sonnenstaat“ (1602), oder praktisch, wie Francois Nöel Babeuf (1791) in der Societè des Egaux (Gesellschaft der Gleichen) oder wie die russischen Anarchisten um Pjotr Alexejewitsch Kropotkin („Gegenseitige Hilfe“, 1902). In allen Fällen stellte man fest, dass der Versuch, die Ränge abzuschaffen, nicht nur die Gewalt verstärkte, sondern automatisch diejenigen in die höchsten Ränge erhob, die sich deren Abschaffung zum Ziel gesetzt hatten. Sobald sie dort waren, blieben sie da.

Daraus folgt, dass die Über- und Unterordnung eine unbedingt erforderliche Vereinfachung von sozialen Systemen darstellt, ohne die viele solcher Systeme nicht handlungsfähig wären. Das beste Beispiel ist das Militär: Niemand kann Krieg führen, wenn seine Befehle infrage gestellt werden. Ganz anders in Parlamenten: Wäre dort das Diskutieren verboten, könnte man nicht den Konsens herstellen, dessen Gefühlsbasis für das Funktionieren der Demokratie wichtiger ist als alles andere. Wir müssen akzeptieren, dass wir in diesen Rängen und Rollen gefangen sind, bis wir sie bewusst sprengen (falls wir das können).

Allerdings wechselt der aktuelle Status unserer Rolle immer wieder. Der Vertriebschef, der gerade seiner Sekretärin Anweisungen gibt, wird zum Untergebenen, wenn sein Chef dazu tritt. Besonders in bürokratischen Organisationen haben Untergebene oft mehr Macht als Vorgesetzte, weil sie über die besseren Informationen und Netzwerke verfügen.[51] Der Rang des Vorgesetzten ist dann zum Symbol reduziert, wie man das vor allem bei konstitutionellen Monarchien sieht.

Auf die Personen kommt es an

Fühlen, Denken und Handeln, Status, Rollen und Machtverteilung sind in jedem einzelnen Menschen auf ganz eigene Art miteinander verknüpft und so unverwechselbar wie ein Fingerabdruck. Es streiten nicht Systeme, es streiten die Menschen in den Systemen.

Daraus ergibt sich der zwingende Grundsatz, dass man bei Konflikten immer auf die einzelnen Personen achten muss, die den Konflikt bestimmen. Vor allem wenn man mit Behörden verhandelt, deren Entscheidungen überwiegend durch staatliche Vorschriften bestimmt und beeinflusst sind, könnte man theoretisch der Auffassung sein, der Beamte entscheide stets ausschließlich kraft seines Amtes und selbstverständlich ohne Rücksicht auf Personen oder Interessenlagen. Mehr noch nimmt man das von Richtern an, die über einen Streit entscheiden, da sie zu besonderer Neutralität verpflichtet sind.

Diese Verpflichtungen müsste man aber gar nicht erst aussprechen, wenn man davon ausginge, dass ein Mensch in seinem Verhalten sein Amt „objektiv" widerspiegeln könne, ohne dass seine Persönlichkeit auf seine Entscheidungen Einfluss nähme. Rechtssoziologische Studien zeigen uns, dass Richter, die selbst Mieter sind, diesen gegenüber freundlicher entscheiden als andere Richter, die Wohnungen zu vermieten haben. Ein Rechtsanwalt, der früher Staatsanwalt war, steht der Staatsanwaltschaft kritischer gegenüber als ein anderer, der nie Einblick in deren Interna hatte.

Allerdings kann man von solchen Personen verlangen, dass sie sich der Faktoren bewusst sind, die ihr Urteil trüben können. Einem Familienrichter, der selbst geschieden ist, muss klar sein, dass diese Erfahrung sein Urteil beeinflussen kann. Ein Richter, der einen großen Aktienverlust erlebt hat, muss wissen, dass dies sein Urteil über Börsenmakler negativ beeinflussen kann. Mehr wird man nicht verlangen können. Viele Konflikte würden anders verlaufen, wenn die Beteiligten sich vertiefte Gedanken über die Personen machten, die letztlich über den Fortgang oder das Ende des Konflikts entscheiden können. Denn nicht die Institution zählt, sondern stets die Person.

Eine Konferenz in dem von Philippe Starck entworfenen Gebäude der Asahi Brauerei in Tokio. Es ist früher Abend, die Gespräche sind beendet und die Teilnehmer werden vom Vorsitzenden des Vorstandes zum Abendessen eingeladen. Einer der Manager winkt unauffällig einer Sekretärin, die schon viele Stunden fast unbeweglich neben der Tür gestanden hat, um stets zur Verfügung zu sein. Sie geht hinaus, kommt nach wenigen Sekunden wieder, und das ist offenbar das Zeichen zum Aufbruch. Von unsichtbarer Hand bewegt, öffnet sich die doppelte Flügeltür und wir werden herausgebeten. Da wir nicht wissen, wo der Aufzug ist, gehen vor uns zwei Sekretärinnen — und das tun sie rückwärts, denn es wäre unhöflich, wenn sie uns vorangingen.

Auch an europäischen Höfen war es Sitte, rückwärtsgehend das Zimmer des Herrschers zu verlassen – nun sind wir also Herrscher! Während sie rückwärts gehen, wedeln sie leicht mit den Händen, um den Weg anzudeuten, den wir nehmen sollen. Vielleicht war vor tausenden von Jahren diese Geste dem Blumenstreuen vorbehalten oder enthielt warnende Hinweise auf Unebenheiten des Weges. Wir wissen es nicht. Jedenfalls hat die Geste sich bis heute erhalten.

Am Aufzug angekommen, steht bereits eine weitere Geisha (so muss man das wohl sagen), die ihn blockiert hat, damit wir nicht warten müssen. In unserer Kabine fährt auch der Vorsitzende des Vorstandes. Alle anderen Manager müssen warten. Unten angekommen, stehen schon weitere

Empfangssekretärinnen, die uns auf gleiche Weise zu den schon wartenden Fahrzeugen bringen.

In keinem der vielen Ländern, in denen ich verhandelt habe, habe ich eine auch nur vergleichbare Szene erlebt. Es ist vor allem der Stil, der sie auszeichnet. In jedem Detail deuten sich die Machtverhältnisse an, aber viele Rituale sind – wie jeder erkennt – theatralische Requisiten, deren Bedeutung auch darin entsteht, dass man sie erst enthüllen muss.[52]

Bei uns kommt die Macht viel unmittelbarer daher. Wenn man sich das Leben von Politikern ansieht, so sind die Symbole der Macht vielleicht das Einzige, was daran attraktiv ist. Man wird mit Blaulicht durch die Straßen gefahren, ist keiner Pass- oder Personenkontrolle beim Reisen ausgesetzt, hat im Theater die besten und trotzdem kostenlosen Plätze und sitzt überall in der ersten Reihe. Auch Manager sorgen dafür, dass sie nicht übersehen werden, anders als in Asien übersehen sie aber gelegentlich ihre Gäste.
Deshalb treten viele mächtige Leute nur über „Herolde" mit ihrer Umgebung in Kontakt, die vorauslaufen und ankündigen, dass jetzt ein wichtiger Mensch kommt. Ich habe von jemandem gehört, der den Chefportiers aller Hotels, in denen er üblicherweise abzusteigen pflegte, zu Weihnachten ein besonderes Geschenk machte, um damit sicher zu stellen, dass sie sich unter allen Umständen an ihn erinnern und ihn bei der Ankunft mit seinem Namen begrüßten.

Arrogantes Auftreten ist das unfehlbare Indiz dafür, dass jemand sich mächtig fühlt – und zwar ganz unabhängig davon, ob er es „objektiv" auch ist (Sie erinnern sich: Die Frage nach der Objektivität müssen wir uns in Konflikten nicht mehr stellen).

Wie wir schon gesehen haben, kann man Macht aber auch ohne Arroganz ausdrücken, indem man einfach de facto den Raum beherrscht, in dem auch andere sich aufhalten. Das kann durch Sprache ebenso geschehen wie durch Körperhaltungen oder Körperbewegungen. Wer als Richter seinen Gerichtssaal, als Vorstand seinen Konferenzraum betritt, zeigt schon durch die Selbstverständlichkeit, mit der das geschieht, allen anderen, dass er ihnen überlegen ist. Dasselbe gilt aber auch für Punks und Penner, die an den U-Bahn-Eingängen sitzen, denn das ist der Machtraum, den sie auch dann beherrschen, wenn sie gelegentlich vertrieben werden. Anders als wir haben sie nämlich eine tiefe Erfahrung, wie es ist, zu allen Jahreszeiten auf solchen Treppen zu sitzen, und diese Selbstgewissheit strahlen sie aus.

Die Inhalte, die wir in Konflikten anderen vermitteln wollen, vermitteln sich also überwiegend schon als „Herolde" durch die Körpersprache.[53] Wer sich arrogant fühlt, kann nicht die Körpersprache eines Dieners annehmen. Selbst wenn er versucht, sich wie ein Kellner zu verhalten, wird er wie ein arroganter Kellner wirken. Machiavelli hat aufgrund seiner klaren Beobachtungsgabe diese Zusammenhänge erkannt, als er schrieb: *„Die Gesinnung der Menschen erkennt man auch an den kleinen Dingen."*[54]

Er hat auch davor gewarnt, sich leicht einem Stimmungswechsel zu ergeben, weil das zu Verwirrungen führen könnte: *„Von der Bescheidenheit zu Hochmut, von der Milde zu Grausamkeit, ohne die entsprechenden Übergänge zu wechseln, ist unklug und zwecklos."*[55]

Ist es auf diesem Hintergrund überhaupt möglich, zu heucheln oder gar zu lügen? Siegmund Freud bestreitet das: *„Wer Augen hat zu sehen und Ohren zu hören, überzeugt sich, dass die Sterblichen kein Geheimnis verbergen können. Wessen Lippen schweigen, der schwatzt mit den Fingerspitzen. Aus allen Poren dringt der Verrat."*[56]

Vernunft, Komplexität und Vertrauen

Die Gefühle steuern uns machtvoll in allen Konfliktsituationen, aber sie leisten nur wenig für die Lösung von Konflikten. Dafür nämlich braucht man eine ganz andere Eigenschaft – den Verstand. *„Regen Sie sich nicht auf!"* ist der erste Rat, den man in der Zornesphase zu hören bekommt. Das bedeutet aber gleichzeitig: *Denken Sie nach!*

Vernunft verlangt drei Eigenschaften:
- Gefühlskontrolle,
- die Fähigkeit zur Strukturierung,
- Kommunikationsbereitschaft.

Anstatt an diesen Fähigkeiten zu arbeiten, begehen die meisten Menschen den *„Fehler, dass sie ihren Hoffnungen keine Grenzen zu setzen wissen. Sie bauen auf sie, ohne sich irgendwie nach ihren Kräften zu richten, und rennen so in ihr Verderben."*[57]

Gefühlskontrolle bedeutet nicht Gefühllosigkeit, denn gerade sie ist genauso gefährlich wie der Gefühlsüberschwang. Gefühlskontrolle bedeutet viel mehr, sich seiner eigenen Gefühle bewusst zu sein, die Gefühle der anderen wahrzunehmen und zu versuchen, die Informationen zu entschlüsseln, die den Gefühlen zugrunde liegen. Das kann man die „Erziehung des Gefühls" nennen – gleichzeitig der Titel eines berühmten Romans von Gustave Flaubert, der das Spannungsverhältnis zwischen Gefühlen und ihrer Kontrolle eindringlich beschreibt.

Die Arbeit mit der Vernunft ist umso wichtiger, je komplexer ein Streit ist. Konflikte sind meist *„mehrdimensional, mit vielen anderen Problemen vernetzt, sie entwickeln Eigendynamik, lassen sich meist nicht klar definieren, sind abhängig von Wahrscheinlichkeiten und teilweise/zeitweise instabil"*.[58]

Das sind die typischen Eigenschaften komplexer Systeme. Das Verhalten komplexer Systeme ist praktisch nicht vorhersehbar, wie wir vor allem aus der Wetterforschung gelernt haben. Wenn ein Konflikt nur unter zehn verschiedenen Einflüssen steht, diese aber alle – wie üblich – miteinander vernetzt sind, entstehen 3.628.800 unterschiedliche Varianten, in denen diese Einflüsse miteinander und aufeinander reagieren können. Niemand kann das übersehen. Psychologische Forschungen zeigen, dass ein Mensch je nach

Begabung und Schulung nur zwischen fünf und neun Informationen gleichzeitig verarbeiten kann.[59]

Diese Komplexität war Machiavelli sehr bewusst: *„Eine Umwälzung {wird} stets die Ursache zu anderen.“*[60] In dieses sich stets bewegende Chaos aus Handlungen, Entscheidungen, Gefühlslagen und Überlegungen kann die Vernunft nur sehr breite Schneisen schlagen. Sie gilt in erster Linie der Reduzierung der Komplexität, aber das kann ihr stets nur bedingt gelingen. Entscheidend ist, dass die zerstrittenen Parteien an irgendeinem Punkt mit dem ewigen Hin und Her zwischen Vertrauen und Misstrauen aufhören und eine – wenn auch nur geringe – Vertrauensbasis erreichbar ist. Von dieser Basis aus kann schrittweise weiteres Vertrauen entstehen und so die Komplexität der Gesamtsituation ebenso schrittweise verringert werden (Niklas Luhmann). Machiavelli hat eher auf das Vertrauen gesetzt: Der Fürst muss unbedingt *„darauf achten, dass er nicht gehasst werde“*,[61] denn der Hass verhindert das Vertrauen. Wer in einem Streit darüber hinaus etwa den Anspruch stellte, am Ende von den anderen Beteiligten geliebt zu werden, hat völlig unrealistische Vorstellungen.

Vertrauen ist nämlich das Ergebnis von Erfahrung und nicht von Hoffnung oder Vermutung. Man vertraut nur jemand, mit dem man die Erfahrung gemacht hat, dass er vertrauenswürdig ist. Das Vertrauen ist der Zentralbegriff des gesamten Vertragrechts. Jeder Vertrag ist nichts anderes als ein Versprechen auf zukünftige Leistung. Mit Personen, die man noch nicht kennt, schließt man weit formellere Verträge ab als mit anderen, die schon über Jahre ihre Vertrauenswürdigkeit bewiesen haben. Auch die Schwelle zum Konflikt liegt sehr hoch, wenn eine Vertrauensbasis gelegt worden ist. Das alles ist anders, *„wenn bei dem einen Verachtung und bei dem anderen Argwohn herrscht“*.[62]

Der Blick auf unsere biologischen Wurzeln und die Rahmenbedingungen, die uns Verstand, Gefühl und Vertrauen geben, bilden das Theater, auf dem die Konflikte sich abspielen und bewältigt werden müssen. Dort müssen alle diese Elemente – insbesondere Gefühl und Verstand – zusammengeführt werden, denn nur in dieser Einheit lassen sich Wirkungen erzielen.

Grafen unter sich

„Wie kommt Ihr Sohn eigentlich zu der Mesalliance?“ – „Ja, ich weiß auch nicht,
was er an der Person gefunden hat. Schön is' se nich, gescheit is' se nich –
wenn se nur wenigstens gemein wäre!“

IV.

DIE ERSTE PHASE: FEUER AUF DEM DACH

Gefühle und Nähe entzünden den Streit / Kulturelle Unterschiede / Machtdifferenzen erkennen / Kurz und schmerzlos draufschlagen / Entschuldigungen / Tief durchatmen und Zeit gewinnen / Schnelle Entscheidungen / Erste Strategien / Konflikt als Krankheit / Flüchten oder Standhalten / Ehescheidung als Weihnachtsgeschenk / Die Reaktion in der Gruppe

Je enger der Raum, umso schneller entwickelt sich der Streit. Schopenhauer[63] hat das in seinem Bild von den Stachelschweinen anschaulich gemacht, die sich umso mehr stechen, je mehr sie sich aneinander drängen, um sich zu wärmen. Dieses Bild ist sehr realistisch, wenn man die Konfliktrate zwischen Eskimos betrachtet. Im Sommer gibt es kaum Streit. Dann sind die Jagdgebiete so groß, dass man Abstand voneinander nehmen kann, wenn das nötig ist. Im Winter hingegen, dicht zusammengedrängt in den Siedlungen, steigt die Kriminalitätsrate sofort. Menschen, die gewohnt sind, auf engstem Raum zusammenzuleben und zu arbeiten, wie die Japaner, müssen deshalb besondere Techniken anwenden, um sich z. B. in der U-Bahn nicht zu „sehen", obwohl alle dicht gedrängt zusammengedrückt sind: Man lernt dort schnell, niemandem direkt in die Augen zu sehen, sondern immer ein bisschen schräg am Kopf vorbei zu blicken.

Mit Nähe ist nicht nur die körperliche Nähe gemeint, sondern jede Art von Beziehung, die zwei Parteien in einem Konflikt aufeinander zu bewegt. Bei einem Erbstreit kennen viele Parteien sich gar nicht (weswegen er oft sehr heftig ausfällt), sind aber durch das Problem der Erbteilung so lange aneinander gefesselt, bis sie es gelöst haben. Die Nähe allein vermag den Konflikt aber nicht immer auszulösen.

Wenn der eine den anderen anrempelt oder mit Spottnamen belegt, wenn ein hochrangiger Manager sich mit einem Niederrangigen huldvoll verbinden lässt, wenn eine zu jeder Sitzung zu spät kommt, um die anderen wissen zu lassen, dass deren Bedeutung nicht an die ihre reicht – in all diesen Fällen wird die Provokation akzeptiert, solange die anderen Beteiligten ihre Rollen richtig interpretieren und sie als gegeben hinnehmen.

Kulturelle Unterschiede

Es hängt von dem kulturellen Raum und seiner Denkart ab, welches Verhalten Streit auslösen kann oder gegen Gesetze verstößt. In China und Japan[64] liegen die Schwellen völlig anders (nämlich viel höher) als in Deutschland oder Italien.

Wer sich in einem fremden Kulturraum bewegt, verstößt, ohne es zu wissen, immer wieder gegen ungeschriebene Regeln seiner Umgebung. So ist es in den asiatischen Ländern, besonders aber in Thailand, ein sehr grober Verstoß, mit den Fußsohlen auf einen Kopf zu deuten, denn die Verbindung von Fuß mit Kopf ist die traditionelle Unterwerfungsgeste Asiens (Proskynesis). Selbst ein Europäer, dem das bewusst ist, wird nicht merken, dass er gegen diese Regel verstößt, wenn er in einem Bus die Füße hochlegt. Aber auch im Westen, der uns vertrauter ist, gibt es merkwürdige Sitten: Im US-Staat Michigan wurde im Jahr 2002 ein Mann mit 75,00 $ und vier Tagen Haft bestraft, weil er ein paar Mal „Fuck" in Hörweite von Kindern und Frauen ausgerufen hatte, als er auf dem Fluss aus seinem Kanu fiel. Ein Gesetz von 1897 stellt solche Obszönitäten unter Strafe – auch wenn man sich in Lebensgefahr befindet.[65]

 In vielen Kulturen wird die Verletzung der Ehre weit schwerer geahndet als Diebstahl, und in Albanien sagt man sogar: *„Der Verleumder ist schlimmer als der Mörder.“* Auch die wirtschaftliche Situation spielt eine Rolle, denn in Zeiten des Überflusses ist Streit seltener, als wenn es ans Eingemachte geht. So werden viele Leute durch ihren Reichtum vor Konflikten geschützt, die andere aushalten müssen.

Machtdifferenzen erkennen

Streit wird vom Gefühl gesteuert und das Gefühl rebelliert, wenn die Rangordnungen verkannt werden. Unbewusst kontrollieren wir, wie mit einem ständig laufenden Radarschirm, unsere gesamte Umgebung, um solche Rangunterschiede zu erkennen und darauf zu reagieren. Viele multitasking-fähigen Frauen können jede andere Frau, die ihnen entgegenkommt, in Sekunden von Kopf bis Fuß scannen und das Ergebnis mit den in ihren Köpfen gespeicherten Preislisten und Markendateien vergleichen.

Dieser „monologue intérieur“ hört sich etwa so an: *„Schuhe: Manolo Blahnik, Tasche: Prada, Blazer: Yves St. Laurent, Bluse: Jil Sander, Jeans: Levis. Levis? Unglaublich! Macht insgesamt 8.735,00 €. Alle Achtung!“* Da eine so begabte Frau in Zahlen ebenso genau weiß, was sie selbst am Leib hat, sieht sie sofort, wer über oder unter ihr steht. Der lebhafte Schwarzhandel mit Designerkopien zeigt die Bedeutung dieser Rangfragen. Sobald sie erkannt werden, ändern sich die Gefühle, Neid und Missgunst entstehen. Und dann müssen sich die Kontrahenten nur ein bisschen zu nahe kommen – schon gehen sie beide in die Luft.

Gerade in der Anfangsphase eines Konflikts kann es unendlich wichtig sein, zu erkennen, wie die anderen Beteiligten die Lage sehen. Ludwig XVI. war sich am 14. Juli 1789 seiner Macht völlig gewiss. Seine Tagebuchnotiz für diesen Tag lautet: *„rien" (nichts)* – es war kein Jagdtag gewesen und also nichts Berichtenswertes vorgefallen. Als im Oktober 1789 Fischweiber und anderer Pöbel ihn von Versailles in den Louvre zwangen, hatte er immer noch nicht mitbekommen, wie die Dinge sich wohl entwickeln würden. Die Unfähigkeit seiner Armee hat er zu keinem Zeitpunkt erkannt und sein wichtigster Grundsatz lautete, das Blut des Volkes dürfe nicht vergossen werden. Die Gefahr, in der er selbst schwebte, blieb ihm bis zuletzt verborgen.

Kurz und schmerzlos draufschlagen

Besser wäre er Machiavellis Rat gefolgt, man müsse *„alle notwendigen Gewalttaten vorher bedenken und sie auf einen Schlag ausführen (...), um nicht jeden Tag wieder anfangen zu müssen. Ist alles auf einmal abgetan, so beruhigen sich die Menschen und {man} kann sie durch Wohltaten gewinnen. Wer aus Furcht oder aus Mangel an Einsicht anders handelt, muss das Schwert beständig in der Hand halten und kann sich nie auf seine Untertanen verlassen, da diese ihm wegen der fortgesetzten Misshandlungen nicht trauen können."*

 Wenn man so handelt, dann kann man gleichzeitig auch seine zweite Regel beherrschen, die lautet: *„Die Wohltaten aber müssen nach und nach erwiesen werden, damit sie sich besser einprägen.“*[66]

Entschuldigungen

In Asien ist es nur selten zu revolutionären Bedingungen gekommen, die jenen in Europa vergleichbar gewesen wären. Hier gelten ganz andere Regeln. Zum einen sind offene Provokationen seltener, zum anderen werden sie in der Regel nicht mit Gegenaggressionen beantwortet. Man muss gesichtswahrend handeln (japanisch: kao no tatsu), denn ein Mensch mit vielen Beziehungen hat ein „breites Gesicht“. Wer sein Gesicht verliert, verliert also viele Beziehungen und gerät damit in eine isolierte Situation, die er sehr viel mehr fürchten muss, als dies im Westen der Fall wäre. Ein gewonnener Streit ist niemals einen Gesichtsverlust wert.

Der asiatische Weg ist es deshalb, bei einem erkannten Konflikt einen geeigneten Vermittler zu suchen, der dafür sorgt, dass die Beziehungen intakt bleiben. Ein anschauliches Beispiel aus der Politik: Im Oktober 2006 zündete Nordkorea eine Test-Atombombe, was zu einer Vielzahl unmittelbarer Gegenreaktionen vor allem der USA führte. Darauf antworteten koreanische Minister und Botschafter mit Kriegsdrohungen. Nun allerdings nahmen sich die Chinesen der Sache an, führten ein Gespräch mit Kim Jong Il, der sich kurz danach bei den Chinesen (aber bei niemand sonst) für den Test entschuldigte. Nach geraumer Zeit wurden die Verhandlungen mit der UNO wieder aufgenommen.

Die Entschuldigung ist das Kernstück der Konfliktregelung – in Europa ist das nahezu unbekannt, wie die Debatte um die Begnadigung der RAF-Täter zeigt. Wir leben in einer Kultur von Schuld und Sühne, die Asiaten in einer Kultur von Scham[67] und Schande. Das funktioniert sogar bei Gericht: Wer sich bei kleineren Vergehen vor dem japanischen Strafrichter entschuldigt, wird mit einer Ermahnung entlassen!

Im Westen läuft das anders: In einem Heim für erkrankte und schwerbehinderte Jugendliche wurde das Konzept, sie in einer Regelwohngruppe zusammen mit anderen, nicht behinderten Jugendlichen zu erziehen und von spezialisierten Fachkräften betreuen zu lassen, heftig kritisiert. Der Betriebsrat bezeichnete die geplante Maßnahme als Isolation und Ausgrenzung von Heimbewohnern. Daraufhin beleidigte der Leitende Arzt den Betriebsrat schwer und weigerte sich, sich zu entschuldigen: *„In der Tat habe ich in der Abteilungsversammlung Herrn M. einen Lügner und Brunnenvergifter genannt. Ich betrachte dies als einen Zuruf – nicht anders, als ihn der Genosse Wehner einst im Bundestag und zwar nicht selten und auch nicht zimperlich vorbrachte. Ihre moralische Entrüstung scheint mir übertrieben und einem agitativen Zweck zu dienen.“*[68] Die Folge war ein langjähriger Rechtsstreit. Eine Entschuldigung des Arztes wäre das Naheliegendste gewesen, aber die konnte offenbar keiner vermitteln.

 Von einem Choleriker kann man allerdings schlecht verlangen, Situationen zu meiden, in denen er andere Leute ärgert, vor allem dann, wenn das seine einzige Freude am Leben ausmacht. So jemanden kann man aber nicht zu den Weisen rechnen, denn *„ein Fürst, der das Übel erst erkennt, wenn es da ist, ist nicht wahrhaft weise, was ja nur wenigen gegeben ist.“*[69]

Wer seine Intelligenz bemüht, weiß, dass man die Dinge zu Ende denken muss, und ist dann sogar für die Provokation dankbar: Sie zeigt als Symptom meist auf tiefere Ursachen und kann dann Anlass werden, sich mit ihnen aufmerksam zu beschäftigen.

Tief durchatmen und Zeit gewinnen

Deshalb ist es das sicherste Mittel in der ersten Phase, sich selbst so weit wie möglich zu beruhigen, wobei man Zeit gewinnt, um seine Gedanken und Gefühle zu sammeln. Tief durchatmen ist wörtlich gemeint: Wer angegriffen wird und gelernt hat, in solchen Situationen seinen Atem zu vertiefen und nicht ins Hecheln zu kommen, wird feststellen, dass er eine Menge innere Ruhe gewinnt. Er kann dann das Gespräch oder die ganze Situation unterbrechen, ohne auf die Inhalte einzugehen. Selbst wenn dem widersprochen würde, hindert ihn niemand, den Raum zu verlassen und eine Nacht über den Konflikt zu schlafen.

Nur in militärischen Situationen oder in plötzlich aufflammenden schweren Krisen, in die ein Unternehmen oder eine Familie geraten kann, muss man sofort ohne viel Überlegung handeln – und dann auch alle Risiken tragen, die damit verbunden sind. In den meisten Fällen jedoch kann man sich Zeit lassen.

Schnelle Entscheidungen

Diese Empfehlung steht nur scheinbar im Widerspruch zu der Notwendigkeit, gerade am Anfang schnelle Entscheidungen zu treffen: „*Nicht weniger schädlich als die zweideutigen Entschlüsse sind die langsamen und späten.*"[70]

Man kann sehr schnell den Entschluss fassen, nichts zu tun, befindet sich dann aber in einer völlig anderen Situation als jemand, der zwischen Nichtstun und Angriff schwankt. Die Gewissheit der getroffenen Entscheidung ändert den Auftritt nach außen vollkommen. Sie beeinflusst nicht nur das eigene Verhalten, sondern auch das aller anderen Beteiligten. Deshalb ist es der größte Fehler, Entscheidungen zu vermeiden, in der Hoffnung, der Konflikt werde sich irgendwie von selbst auflösen. Hoffnung ist nichts anderes als die Schwester der Faulheit und der Angst. Man richtet sich besser darauf ein, dass die Situation eskalieren wird.

Erste Strategien

In der Zeit, die man gewinnt, muss man sich überlegen, wie man reagieren soll. Das wird keine endgültige Entscheidung sein, aber jedenfalls eine, die die Handlungsmöglichkeiten vergrößert (Heinz von Foerster/Paul Watzlawick). Folgende Reaktionen haben sich bewährt:

- Ins Leere laufen lassen.
- Umgehen.
- Sofort offen bekämpfen.
- Partisanenkrieg.

Man macht die wenigsten Fehler, wenn man einen Angriff soweit ignoriert, wie das möglich ist. Man kann jederzeit eine andere Option wählen, ohne sich unglaubwürdig zu machen.

Die zweitbeste Strategie ist es, den Streitherd irgendwie zu isolieren und das Problem (jedenfalls vorerst) zu umgehen, denn auch damit vergrößert man seine Möglichkeiten.

Für den offenen Kampf kann man sich am leichtesten entscheiden, wenn man gute Chancen hat zu gewinnen. Häufig fehlen aber gerade am Anfang des Streites die notwendigen Informationen, um das zu beurteilen. In einem solchen Fall wird man eher den verdeckten Kampf vorziehen, der sich auch in der großen Politik derzeit als die erfolgreichste Strategie erweist. Er erlaubt es nämlich, nahezu alle Verhaltensweisen miteinander so zu kombinieren, dass man den richtigen Zeitpunkt für einzelne Maßnahmen optimal nutzen kann.

Man kann Konflikte auch wie eine Krankheit betrachten. Es gibt Krankheiten, für die wir nicht verantwortlich sind (z. B. Erbkrankheiten), andere aber, die wir durch unsere Lebensweise verursachen. Kommt dann die Diabetes-Diagnose oder die Coronarinsuffizienz daher, dann ist das eine sehr unerfreuliche Provokation des Körpers, der sich weigert, weiter mitzumachen. Nun muss man mit der Krankheit leben lernen. Genauso kann man mit Konflikten umgehen.

Krankheiten sind zwar immer lästig, häufig aber doch gesund, wenn man es fertigbringt, seinen Lebensstil zu ändern (Jaap Huibers). Dann provoziert man den Körper nicht mehr und vermeidet Situationen, in denen das geschehen kann. Da auch ein gutwilliger Mensch nicht verhindern kann, dass sich andere an ihm reiben, sollte er sich fragen, ob und gegebenenfalls wie lange er mit diesem Zustand – wie mit einer Krankheit – leben kann. Man muss in der Lage sein, die Vor- und Nachteile eines offenen Konflikts abzuwägen.

Flüchten oder Standhalten

Vor allem zu Anfang eines Konfliktes stellt sich immer wieder die Frage, ob Flüchten oder Standhalten die bessere Strategie ist. Um sie zu beantworten, muss man erst einmal das Flüchten von einem Verhalten unterscheiden, das den

Angriff vorerst versucht ins Leere laufen zu lassen. Der Begriff Flucht ist immer mit Angst verbunden, die strategische Entscheidung, vorerst nicht zu reagieren, zeugt hingegen davon, dass man die Situation im Griff hat. Als Faustformel kann man sagen: Standhalten ist immer gerechtfertigt, um Zeit zu gewinnen, wenn es zu gefährlich ist, den Streit erst einmal zu ignorieren.

Klar sieht man das an allen Auseinandersetzungen zwischen Nachbarn oder Mietern, die nicht voreinander weglaufen können. So kommt es zu den unerfreulichsten Konflikten über zu lautes Klavierspiel, herunterhängende Zweige, bellende Hunde oder bösartig blickende Gartenzwerge. Ja – auch solche Zwerge gibt es, die das Amtsgericht Grünstadt[71] wie folgt beschreibt: *„So zeigt einer der Zwerge dem Beobachter mit herausgestreckter Zunge den erhobenen Mittelfinger (das so genannte „Fuck-you"-Zeichen), ein anderer beugt sich mit heruntergelassener Hose nach vorne und zeigt sein entblößtes Hinterteil, ein weiterer hält sich die Nase zu und schließt dabei die Augen ... Einige Zwerge halten bzw. hielten vorprozessual Schilder mit Parolen wie „Pfälzer in die Pfalz, Wuppertaler in die Wupper!"*

Diese „Frustzwerge" – die das Gericht in der für den Juristen kennzeichnenden Sprachweise als *„Werkstoff gewordene Stellvertreter menschlicher Phantasie"* nennt – sollten den aus Wuppertal zugezogenen Nachbarn aus der Pfalz vertreiben. Sie störten den Wuppertaler so sehr, dass er auf Beseitigung der Zwerge klagte. Der brave Pfälzer berief sich auf die Kunstfreiheit, aber das hat ihm nichts geholfen, denn: *„Der Frustzwergenschöpfer kann sich gegenüber seinem massiven Eingriff in das Persönlichkeitsrecht des betroffenen Nachbarn nicht* *auf die Freiheit der Kunst berufen {und} kann mit einem in die Zukunft wirkenden Unterlassungsgebot belegt werden, wenn eine uneinsichtige Grundhaltung im gerichtlichen Verfahren offenbar wird."*

Dieser Prozess wurde dadurch ausgelöst, dass der Wuppertaler früher seine Musik angeblich zu laut gestellt hatte, was den Pfälzer schon zu einer Klage beim Landgericht Frankenthal veranlasst hatte. Dieses Verfahren hat ihn seelisch offenbar so mitgenommen, dass er sich mit viel Geld die Frustzwerge einkaufte, um so seinen Gefühlen Luft zu machen. Selbst wenn wir annehmen, dass die Musik wirklich zu laut war, ist diese Reaktion unangemessen, wenn man nur die oberste Konfliktebene betrachtet. Das tiefere Problem wird jedoch sofort deutlich, wenn man die Aufforderung: „Wuppertaler in die Wupper" unter die Lupe nimmt. Während der „Pfälzer in der Pfalz" fröhlich seiner Wege geht, muss der Wuppertaler in der Wupper ertrinken. Der Fremde soll ersaufen! Mord liegt in der Luft, auch wenn er nur scherzhaft angedeutet wird.

Die Deutschen hatten es schon immer schwer mit den Fremden. Seit Jahrtausenden sind sie in Stämme gegliedert und nicht, wie z. B. die Engländer, in Klassen. Bei uns gibt es reiche und arme Bayern und sie sitzen beide im Hofbräuhaus einträchtig auf derselben Bank – aber nicht gemeinsam mit Preußen! Da hocken sie und kommentieren am Stammtisch die vorbeiziehenden Italiener („Katzlmacher") oder die chinesischen Touristenhorden, denen es nichts nützt, sich mit Tirolerhüten zu tarnen: „Sau-Preiss'n, japanische!" werden sie betitelt. Es gibt kaum einen deutschen Politiker, der in seinen Reden nicht seine landsmannschaftliche Zugehörigkeit erwähnt.

Jeder weiß, dass Kohl aus der Pfalz und Stoiber aus Bayern kommt. Viele von ihnen, wie etwa der Ministerpräsident von Baden-Württemberg *(„Wir sprechen alles, außer Hochdeutsch“),* pflegen ihren Dialekt so intensiv, dass man sie kaum verstehen kann. Der Grund für die viel beklagte Immobilität der Deutschen beruht auch auf ihrem Heimatgefühl, das an die Staatszugehörigkeit geknüpft ist. In anderen Ländern gibt es ein Wort wie „Heimat“ nicht. Hätte neben dem Pfälzer ein anderer Pfälzer zu laute Musik gemacht, wäre ihm nicht das Ersaufen angedroht worden, sondern das Saufen: Man hätte sich in den Garten gesetzt, Pfälzer Saumagen gegessen, einen Riesling getrunken, die schöne Musik der Gonsbachlerchen jubilieren lassen und dann gemeinsam festgestellt, bei wie viel Dezibel man sich das nicht mehr anhören kann. Dessen bin ich mir völlig sicher.

Ehescheidung als Weihnachtsgeschenk

Am einfachsten sollte es sein, Konflikte zu bewältigen, bei denen alle Beteiligten die gleichen Interessen haben. So ist es beim Besuchsrecht geschiedener Eltern. Gerade an diesem Beispiel kann man zeigen, dass unter der Oberfläche des Streites die Machtfrage lauert, die erfahrungsgemäß mit vernünftigen Argumenten nicht geklärt werden kann. Das Besuchsrecht wird immer wieder mit ganz anderen Themen, z. B. der Höhe des Unterhalts verknüpft, und das findet man erpresserisch.

Auffallend ist, dass vor allem vor den hohen kirchlichen Feiertagen entflammen die Familienstreitigkeiten: Erfahrene Scheidungsanwälte richten Notdienste ein, um der Einstweiligen Verfügungen Herr zu werden, die sie an diesen Tagen erwarten dürfen. Auch Scheidungsanträge haben zu Weihnachten – dem Fest der Liebe – Hochkonjunktur.

Woran liegt das? Wir haben in Europa seit dem Auseinanderfallen der Großfamilien einen latenten Konflikt zwischen den Interessen der Eheleute und jenen der Familien, aus denen sie stammen. In Indien beispielsweise existiert ein solcher Konflikt nicht: Die Braut lebt von Beginn an immer in der Familie ihres Mannes, und dieser eindeutigen Zuordnung muss ihre Familie sich beugen. Das Aufziehen einer Tochter – so sagt man dort – ist wie „den Garten des Nachbarn wässern", denn man verliert die Tochter, muss auch noch die Mitgift zahlen und sieht die Enkel selten.

Bei uns ist diese Zuordnungsfrage nicht geklärt und wird daher zur Rang- und Machtfrage. So kommt es regelmäßig zu einem grauenvollen Hin und Her, in welcher Familie das Fest gefeiert werden soll. Viele fliehen in ferne Länder, um damit allen Familienansprüchen zu entgehen (man bekommt ja ohnehin die falschen Socken geschenkt). Wenn sich keine dieser Lösungen einvernehmlich realisieren lässt, dann wird der Zorn so groß, dass man sich am Heiligen Abend beim Scheidungsrichter trifft. Manchmal ist das Fest erst der Auslöser für den Scheidungsantrag, den man sich zur Beschleunigung auch schon im Internet besorgen kann.[72]

Kurz: Der Verstand hat es erfahrungsgemäß schwer, die Gefühle in Schach zu halten, und wir sollten daher häufiger versuchen, von der asiatischen Vermittlungslösung Gebrauch zu machen.

Die Reaktion in der Gruppe

Das gilt umso mehr, wenn man Teil einer Gruppe ist, die nicht tief durchatmen und Zeit gewinnen will. Auch in dieser Situation sollte man versuchen, der Herr seiner eigenen Entscheidung zu bleiben und gegebenenfalls die Gruppe zu verlassen, denn nur *„in der Masse ist das Volk mutig, im Einzelnen schwach“.*[73] Wie schwierig das bei entsprechender Gruppendynamik ist, brauche ich niemandem zu sagen, aber Teil einer amoklaufenden Gruppe zu werden, ist so ungefähr die gefährlichste Situation, in die man sich bringen kann.

Menuett

„Lieber Baron, Sie sind schon wieder aus dem Takt." –
„Verzeihung Gnädigste, komme immer in Parademarsch rein!"

V.

DIE ZWEITE PHASE: PANIK UND GEREDE

Gewalt macht Recht: Wie man Fakten schafft / Konfliktmanagement / Führung und Verantwortung übernehmen / Streitkultur / Frauenquote und Wildverbiss: Wie man politisch korrekt streitet / Wechsel der Perspektiven und Denkarten

Die erste Phase, in der der Konflikt offen ausbricht, ist meist sehr kurz. Manchmal dauert sie nur Sekunden: Die Kräfte werden gemessen, die Körpersprache sendet ihre Signale und entweder gibt einer nach oder die Sache eskaliert ins Chaotische. Wer sich an den Rat hält, tief durchzuatmen und Zeit zu gewinnen, wird meist das Richtige tun.

Es gibt aber immer wieder Situationen, in denen Machiavellis Satz: *„Geschehen Ding hat Verstand“*[74] die bessere Empfehlung ist. Nehmen wir an, Sie haben gemeinsam mit Ihren Geschwistern einige Bilder von Ihren Eltern geerbt, die sich in Ihrer Wohnung befinden. Während des Urlaubs bitten Sie Ihre Schwester, die Wohnung zu betreuen. Nach Ihrer Rückkunft stellen Sie fest, dass die Bilder nicht mehr da sind. Die Schwester hat sie mitgenommen, weil sie behauptet, sie stünden ihr bei der Erbteilung zu.

Sie hält sich offenbar an die Empfehlung Machiavellis: *„Darum müssen alle Gewalttaten auf einmal geschehen, da sie dann weniger empfunden und eher vergessen werden.“*[75] Man kann diese Empfehlung dann kritisieren, wenn es um Ansprüche geht, die offensichtlich unberechtigt sind. Wenn das aber nicht klar ist, kann es durchaus notwendig sein, sich gerade in der Anfangsphase eines Streites die strategische Position zu schaffen, die man zu Beginn leichter verteidigen als später durch rechtliche Ansprüche sichern könnte.

Wenn Sie diesen Vorgang auf sich beruhen lassen, weil Sie sich mit Ihrer Schwester nicht streiten und Vernunft beweisen wollen, machen Sie wahrscheinlich einen entscheidenden Fehler. Die unerlaubte Mitnahme ist rechtlich betrachtet „verbotene Eigenmacht", und auch Laien wissen, dass sie so nicht handeln dürfen. Ihr Anwalt kann sofort eine Einstweilige Verfügung beantragen und dafür sorgen, dass die Bilder wieder zurückgeschafft werden – aber nur, wenn Sie diesen Antrag innerhalb weniger Tage stellen. Danach nimmt das Gesetz nämlich an, dass es Ihnen nicht so wichtig ist, und Sie haben darauf keinen Anspruch mehr.

Auch ein Unternehmen, das sich einer wettbewerbswidrigen Werbung gegenüber sieht, muss innerhalb eines Monats handeln, weil es sonst seine Rechte im Einstweiligen Verfügungsverfahren verliert. Genauso schnell müssen Sie reagieren, wenn Sie unberechtigt gekündigt oder von Ihrer Arbeit freigestellt werden. Nur die sofortige Reaktion sichert Ihre Rechte.

„In Gefahr und höchster Not ist der Mittelweg der Tod." – dieser Satz Alexander Kluges[76] hat also seine Berechtigung. Er knüpft damit an Machiavellis Idee an, der immer dafür plädierte, *„unter allen Umständen den Mittelweg {zu} vermeiden; der bringt Verderben"*,[77] weil er die Aufgabe des Konflikts verfehlt, die Rangfragen auf Dauer verlässlich zu klären.

Konfliktmanagement

Die wichtigste Maßnahme in der zweiten Phase ist es, sich ein Konfliktmanagement aufzubauen. Folgendes ist zu überlegen:

- Kann ich das Problem selbst lösen?
- Wo muss ich mir Rat holen?

- Habe ich die finanziellen Mittel, auch einen längeren Konflikt durchzuhalten?
- Welche Strategien kommen in Frage?
- Welche Informationen brauche ich und welche muss ich den Beratern geben?
- Wie sind die Risiken zu bewerten?
- Welcher Zeitrahmen steht zur Verfügung?
- Wer tut was – wann – wo und warum?

Unternehmer sind gewohnt, in solchen Strukturen zu denken, Privatleute aber nicht. Nur wenige erleben zwei bis dreimal in ihrem Leben einen wirklich tiefgreifenden Konflikt, der vor allem bei Erbschaften, Scheidungen, Verkehrsunfällen, einem Vertragsbruch oder einem Unfall etc. entsteht. Leider verlassen sich die meisten Leute dann auf ihren gesunden Menschenverstand, der bei der Komplexität von Konflikten aber selten ausreicht. So fahren sie den Karren erst in den Dreck, bevor sie Anwälte und andere Berater fragen.

Führung und Verantwortung übernehmen

Die zweite Phase ist häufig davon geprägt, dass alle Beteiligten nach dem ersten Schreck in Panik geraten, wild durcheinander laufen und Unsinn reden. Manches davon ist nötig, damit man sich abreagiert. Danach aber muss man das Ruder in die Hand nehmen und beherzt durch den Sturm steuern. Führen bedeutet:

– Fragen stellen.
– Zuhören.
– Entscheiden.
– Durchsetzen.

Das fällt leichter, wenn man fähig ist, die Verantwortung für den Konflikt zu übernehmen. Viele haben Probleme damit, vor allem dann, wenn sie guten Gewissens sagen können, sie hätten zum Entstehen des Streites nichts beigetragen. Hier hilft der Gedanke, dass Konflikte einen auch ohne Schuld treffen können wie Krankheiten.

Andere versuchen, Führung und Verantwortung zu vermeiden, weil sie zu feige sind, die Risiken zu übernehmen. Feigheit erkennt man an offensichtlich unberechtigten Forderungen, Drohungen, dem Zurückweichen, dem Taktieren und vor allem am ständigen Verkennen der realen Machtverhältnisse und Risiken. Ein trauriges Beispiel ist Ludwig XVI.: *„Was macht es schon, wenn meine Autorität leidet, wenn nur mein Volk glücklich ist.“*[78] Diese Bemerkung fiel, nachdem er schon einen Gutteil seiner Macht verloren hatte – offenbar ohne es zu merken.

Streitkultur

Der Begriff „Kultur“ scheint zum Streit nicht zu passen, denn er deutet Ästhetik und Harmonie an. Tatsächlich aber finden sich seit Urzeiten stilistische Regeln, wie Streit vom Zaun gebrochen, durchgeführt und beendet wird: Das

Recht zur Fehde hat nur der, der den Fehdehandschuh wirft, das Duell muss von Sekundanten begleitet werden und der Friedensschluss bedarf einer förmlich ausgefertigten Urkunde, damit man seinen Inhalt beweisen kann. Hinter all diesen Formen steht auch ein Stilbedürfnis. Unter Stil verstehe ich hier nicht nur Freundlichkeiten, sondern alle Formen – einschließlich der ablehnenden oder von Hass geprägten –, die im Rahmen eines Streites zu beobachten sind.

Welcher Stil als verletzend und welcher als fair empfunden wird, hängt in erster Linie von der kulturellen Umgebung ab, in der man sich befindet. So kommuniziert man *„in Amerika eher mit der Keule, in Europa mit dem Schwert und in Asien mit dem Florett"*.[79] Einen weiteren Einfluss hat die Persönlichkeit der einzelnen Beteiligten – deren Charakter, der Mischung aus Gefühl und Verstand, die jeder Einzelne hat, und allen anderen Faktoren, die die „Persona" jedes Einzelnen ausmachen. Aus dem durch Adoption zu Adel gekommenen Weinhändler von Ribbentrop konnte niemand einen Außenminister vom Schlage des Klemens Wenzel Lothar Nepomuk Fürsten von Metternich machen.

Keine Verhandlung kann ein Erfolg werden, bei der die handelnden Personen überhaupt nicht zusammenpassen. Machiavelli berichtet von einem Fall, in dem Castruccio Castracani einen ihm ekelhaften Abgesandten mit den Worten fortschickte: *„Wenn Du noch irgendetwas von mir willst, schicke einen anderen!"*[80]

Ein geradezu allmächtiges Stilmittel bei Konflikten ist das Stellen von Fragen. Im Fragen steckt Höflichkeit und Interesse für die Perspektive der anderen Seite, die Frage bietet aber gleichzeitig die Möglichkeit, Informationen zu sammeln, die wichtig sein können. Man muss sich keinesfalls den Eiertanz der Diplomaten zumuten, aber wer das wichtige Werkzeug der Frage richtig benutzen will, muss nicht nur zuhören, sondern auch Machiavellis Rat befolgen: *„Wer geschickt fragt, lenkt unsere Aufmerksamkeit auf viele Dinge. Und lässt vieles andere entdecken, worauf der Befragte vielleicht niemals von selber gekommen wäre.“*[81]

Stil und Inhalt sind engstens verbunden. Wer durch unbeherrschte Bemerkungen Rache auslöst, kommt gar nicht mehr zur Sachdiskussion, denn die falsche Form wird – anders als inhaltliche Forderungen, die zu weit gehen – nie vergeben: *„Ich halte es für einen der größten Beweise menschlicher Klugheit, sich in seinen Worten jeder Drohung und Beleidigung zu enthalten. Weder das eine noch das andere schwächt den Feind.“*[82]

Bei aller Höflichkeit darf man aber die Fähigkeit nicht verlieren, seinen aufsteigenden Zorn und andere Gefühle wahrzunehmen und zu bestimmten Zeiten auch herauszulassen. Es gibt nämlich Situationen, in denen die Leute erst zuhören, wenn sie verletzt werden. Manchmal sind Leute auch so beschränkt, dass sie Höflichkeit mit Feigheit oder Unfähigkeit verwechseln. Man muss gelegentlich auch einen unbeherrschten Eindruck machen können, denn wer immer wie der kühle Rechner auftritt, dem werden keine Gefühle zugetraut. Außerdem ist der eigene Zorn ein wirksames Mittel gegen die Angst, man muss ihn eben nur therapeutisch richtig einsetzen. So kann man lernen, die Leute so stilvoll in den Hintern zu treten, dass sie sich für die Beschleunigung bedanken.

Wie sehr die Form des Streites den Inhalt beeinflusst, zeigt eine Studie des amerikanischen Psychologen John M. Gottmann[83] aus dem Jahr 1999. Er hatte eine einfache Testanordnung entwickelt und über 20 Jahre in seinem Labor angewendet: Zwei Verlobte wurden gebeten, ein Thema zu benennen, bei dem sie uneins waren, und sodann aufgefordert, darüber eine Debatte zu führen. Nach wenigen Minuten brach Gottmann die Debatte ab und notierte sich seine Eindrücke zum Stil, wie beide miteinander umgegangen waren. Bei destruktivem Verhalten sagte er eine kurze Ehedauer voraus, bei der Fähigkeit zur konstruktiven Debatte sollte die Ehe dauern.

Diese Notizen verglich er Jahre später mit der Wirklichkeit. Seine Trefferquote lag bei 91 Prozent. Auf den ersten Blick erscheint das hoch, aber Sie können den Test ja kurz selber machen: Sie streiten sich über die Frage, ob man besser in der Stadt oder auf dem Lande lebt. Er sagt: *„Du willst ja nur den ganzen Tag in die Luxusgeschäfte rennen und mein Geld zum Fenster rauswerfen"* – und jeder weiß, dass das böse enden wird. Was halten Sie von folgendem Satz: *„Wenn wir am Stadtrand wohnen, wirst Du den Einkaufsbummel in der Stadt erst richtig genießen!"*

Frauenquote und Wildverbiss: Wie man politisch korrekt streitet

Das wichtigste Stilmittel beim Streit ist die Sprache. Sie kann, wie wir schon gesehen haben, zur Waffe werden.

Jedes System schafft sich daher alsbald Begriffe, die bestimmte Ansprüche symbolisieren, seien es nun politische, kulturelle oder persönliche. Diese Begriffe decken sich entweder mit der Realität oder sie tun es nicht. Wer wie Mao Tse-Dong während der großen, von ihm geschaffenen Hungersnot der Jahre 1958–1961 die Macht hat, dass Statistische Amt Chinas als „Amt für gute Nachrichten" zu bezeichnen, der verbietet diesem Amt gleichzeitig, Statistiken zu veröffentlichen, die die Regierung bloßstellen können.

George Orwell hat das in seinem berühmten Roman „1984" schon zehn Jahre zuvor als „Neusprech" bezeichnet, aber diese Art Machtspiel hat es seit eh und je gegeben: Das mörderischste Komitee der französischen Revolution unter Robespiérre war der „Wohlfahrtsausschuss"; was wir „soziale Marktwirtschaft" nennen, hieß jahrzehntelang „Monopolkapitalismus"; die Deutsche Demokratische Republik nannten wir „Zone" und die Hamas-Bewegung ist heute ohne den Zusatz „radikal-islamisch" offenbar keine Nachricht wert.

So kann es kommen, dass ein Streit allein deshalb nicht beizulegen ist, weil eine Seite sich weigert, die eigene Sprechweise (und damit auch die Denkweise) zu ändern und sich das „Doppeldenken" abzugewöhnen, das George Orwell beschreibt.

Wie geht man im Streit mit diesem Thema um? Die Lösung liegt in der Fähigkeit, die verschiedenen Fallgestaltungen sorgfältig voneinander zu unterscheiden. Wenn ein afroamerikanischer[84] Manager sich über die Rechte anderer Afroamerikaner gegenüber den Kaukasiern[85] streitet, kann man ihm nicht das Recht nehmen, sie so zu bezeichnen, wie er das für richtig hält. Wir wissen allerdings, dass solche Bezeichnungen sich sehr schnell ändern, weil sich an jede neue Bezeichnung eine neue Diskriminierung knüpfen kann: Was heute „geistig behindert“ heißt, nennt man morgen „mental herausgefordert“, wo man gestern von asozial sprach, heißt es heute „Strukturell Verfestigtes Neues Unten“. Für diese Wortschöpfung sollte Matthias Platzeck unbedingt den von der Deutschen Akademie für Sprache und Entwicklung noch einzurichtenden „George-Orwell-Preis-Ideales-Neusprech“ erhalten. Wer sich selbst so oder ähnlich bezeichnen will, dem kann niemand das Recht dazu streitig machen, denn es ist ein wesentlicher Teil seines Persönlichkeitsrechts.

Etwas ganz anderes ist die Frage, ob man sich von anderen den Gebrauch von Begriffen, die nicht im Persönlichkeitsrecht verankert sind, vorschreiben lassen muss. Auch diese Frage ist einfach zu beantworten: Wer aufgrund seiner Machtposition durchsetzen kann, dass ein anderer bestimmte Begriffe benutzen muss, der kann es eben und die anderen können es nicht. Reduziert man das Problem auf die damit aufgeworfene Machtfrage, löst es sich einfach in Luft auf.

Man sieht das ganz deutlich an allen Begriffen und Maßnahmen, die die Gleichberechtigung der Frauen sichern sollen. Wenn es gelingt, die Machtverhältnisse zugunsten der Frauen zu ändern, braucht man keine Manipulierung an den Begriffen: Wenn Frauen demnächst in Tiefgaragen nicht mehr überfallen werden, brauchen wir keine besonderen „Frauenparkplätze“, und wenn sie zu allen Berufen unter fairen Bedingungen Zugang haben, wird es auch keine „Frauenquote“ mehr geben. Um junge Bäume muss man einen Zaun zu legen, damit sie vor dem Wildverbiss geschützt werden, denn der ist nicht mit Worten zu errichten, sondern nur mit Maschendraht.

Der Wechsel der Perspektiven und Denkarten

Der Erfolg in der zweiten Phase hängt wesentlich von der Fähigkeit ab, den Streit aus der Perspektive des Gegners zu betrachten: *„Nichts bringt einem Feldherrn größere Ehre, als die Pläne des Feindes zu durchschauen.“*[86]

Mir ist das einmal gelungen, als ein Softwareentwickler für ein relativ einfaches Programm, hinter dem aber sehr viel Anwendungs-Know-how steckte, einen ganz ungewöhnlich hohen Betrag verlangte, als man ihn fragte, ob er die Rechte nicht nur lizenzieren, sondern endgültig überlassen wolle. Seine Preisvorstellungen waren geradezu absurd (zehnfacher Marktwert), und kein Argument half. Das verdeckte Motiv meines Mandanten lag darin, diesen exzentrischen Mann loszuwerden und das Produkt selbst weiterzuentwickeln. Die Verhandlungsposition des Entwicklers war daher sehr gut. In irgendeiner Nachtrunde, nachdem die Verhandlung längst geschlossen war, saßen wir gemeinsam an der Hotelbar.

Neben ihm lag ein Buch von Peter Handke, und ich lobte den offenbar seelenverwandten exzentrischen Autor, worauf er seufzend erwiderte: *„So berühmt kann ich nie wer-*

den." Das machte mich hellhörig. Lag da das Problem? Wir unterhielten uns dann lange darüber, dass Softwareentwickler anders als Autoren ihren Namen niemals auf den Eingangsseiten der Bildschirme finden, sondern sich allenfalls in der Entwicklungsumgebung verstecken müssen, wo nur die Fachleute sie identifizieren können. Ich fragte ihn, was es ihm wert sei, auf der Eingangsseite den Vermerk anzubringen: *„Design by …* " Er meinte, diesen Vorschlag könne ich bei meinem Mandanten nie durchsetzen. Ich hakte nach und bat ihn, eine Zahl zu nennen. Am nächsten Tag einigten wir uns auf den etwa 1,5-fachen Marktwert der Software und den Design-Vermerk.

Man sieht hier deutlich, dass es Probleme gibt, die man nicht mit Geld lösen kann, und die eigene Phantasie reicht meist nicht aus, um sich vorzustellen, was in den Köpfen und mehr noch in den Gefühlen der anderen vorgeht. Erst wenn man das erkennt, kann man auch die eigene Denkart ändern.

Borussia Bonn

„Ein bisschen peinlich ist es doch, wenn man noch besoffen im Bett liegt und die Professoren kommen und machen ihre Antrittsvisiten."

VI.

DIE DRITTE PHASE: DIE BRÜCKEN WERDEN VERBRANNT

Rückzug ins Innere / Lob der Torheit / Die Chinesische Mauer / Anwälte und andere Söldner / Aufbau der Strategien / Der Berg bewegt sich nicht / Untertauchen / Sofort anerkennen / Vermittler einschalten / Aufrüsten / Koalitionen bilden

Sobald ein Konflikt ausgebrochen ist, hört man immer wieder die Leute rufen: *„So nehmen Sie doch Vernunft an!“* In den beiden ersten Phasen ist das nicht möglich, denn *„der Handelnde ist immer gewissenlos; es hat niemand Gewissen, als der Betrachtende“*[87]. Vernünftige oder gewissenhafte Lösungen erreicht man daher erst, wenn das Handeln zum Stillstand gekommen ist. Man spricht nicht mehr miteinander und vor allem schreibt man nichts mehr, denn unbewusst folgen wir Machiavellis Rat: *„Vor Schriftlichem (...) muss sich jeder hüten wie vor einer Klippe, denn nichts vermag Dich leichter zu überführen, wie ein Schreiben von Deiner Hand.“*[88]

Diese Phase hat auch ihr Negatives, denn wenn beide Seiten sich einbunkern, fangen sie meist auch an, hinterhältig zu werden und sich zu belügen. Manche schaffen es sogar, über ihre eigene Existenz Schweigen zu erzwingen: Die omertá, das Schweigegebot, findet sich in allen ehrenwerten Gesellschaften: Der Mafia in Italien, der japanischen Yakuza, den chinesischen Triaden oder den polnischen und russischen Banden ist allen gemein, dass sie ihr Wirken nur für ihre Sache (cosa nostra) halten, die niemand anderen etwas angeht.

Eben diese unsichtbare, nur innerhalb des eigenen Systems abgebildete Ordnung wird in der dritten Phase gesucht. Man befasst sich hier mit den eigenen Widersprüchen, mit dem Krieg, der in uns stattfindet. Bevor man nämlich in die nächste Phase – den offenen Krieg – übergehen kann, müssen zunächst die internen Machtverhältnisse geklärt werden. Das kann nur innerhalb der eigenen Mauern geschehen und unter Ausschluss jeder Öffentlichkeit.

Lob der Torheit

Machiavelli kannte *„drei Arten von Köpfen: Der eine erkennt alles von selbst, der zweite nur, wenn es ihm von anderen gezeigt wird, der dritte sieht nichts ein, weder von selbst, noch durch die Darlegungen anderer."*[89] Nur die Letzteren hielt er für brauchbar, und tatsächlich haben kluge Leute sich immer wieder sehr ironisch über die Dummheit geäußert.

Erich Kästner antwortete auf die Frage, welche drei Gegenstände er in den Grundstein seines Hauses einmauern lassen wolle, um der Nachwelt ein Bild seiner Persönlichkeit und ihrer Wirkung zu geben: *„Ein Traktat über die Dummheit – mit zwei Durchschlägen."* Das ist aber etwas einseitig betrachtet.

Die Phase, in der man sich vom Streit zurückzieht, Informationen verweigert, seine Kräfte sammelt und versucht, eine Entscheidung vorzubereiten, hat auch den Zweck, das System zu stabilisieren. Je komplexer Systeme sind, desto anfälliger sind sie, und daher wirkt eine Phase der Dummheit systemstabilisierend (Stafford Beer).

Da in dieser Phase aber auch alle Kommunikation eingestellt ist und Informationen abgewehrt werden, kann man nichts über den Konflikt dazulernen. Man bleibt so intelligent oder dumm, wie man gerade ist. Um es etwas theoretischer auszudrücken: Das System neigt immer mehr dazu, selbstreferentiell zu werden (Luhmann) – es beschäftigt sich nur noch mit sich selbst. Gleichzeitig verhindert dies, dass man sich anderen Personen oder Verhältnissen anpassen kann. Darwin und Spencer haben gezeigt, dass jemand, der diese Fähigkeit verliert, langfristig zum Untergang verurteilt ist. Auch die Geschichte belegt das mit vielen Beispielen, in denen ein Staat nur noch seine Rituale aufrechterhalten hat, hinter denen aber keine Inhalte standen (Ägypten/China/Venedig/Sowjetunion etc.).

Daraus müsste man eigentlich den Schluss ziehen, dass man im Leben keine anderen Aufgaben hat, als sich jeden Tag zu fragen, was man ändern muss, um überlebensfähig zu bleiben und sein Mäntelchen nach jedem Wind zu drehen, der von irgendwoher kommt. Mit einer solchen Haltung fehlt einem aber die Stabilität, die nötig ist, um etwas verwirklichen zu können. Man muss auch fähig sein, Informationen und Anpassungswünsche abzuwehren, weil man sonst zum Spielball fremder Kräfte wird. Dazu braucht man Sturheit und ein Mindestmaß an Dummheit.[90]

Allerdings ist es manchmal schwer, Dummheit von Intelligenz zu unterscheiden, da beide im gleichen naiven Gewand daherkommen können. Es gibt durchaus Situationen, in denen Intelligenz keine Lösung findet, weil sie abertausend Variationen erwägt, sich aber nicht entscheiden kann. Wer zu intelligent ist, hat selten die Fähigkeit, einen Gordischen Knoten zu durchschlagen. *„Ach Dummheit – es gibt so viele Arten von Dummheit, und die Gescheitheit ist nicht die beste davon!“*, meint Thomas Mann.[91]

Intellektuelle wechseln auch häufiger als andere Leute ihre Meinung und ihre Standpunkte: *„In mir habt ihr einen, auf den könnt ihr nicht bauen."*[92] Das macht sie für Aufgaben in Politik und Management überwiegend ungeeignet, denn dort kommt es eher auf klare Konturen an. Wer in einem Konflikt ständig seine Meinung ändert oder gar erst die eine und dann die andere Partei unterstützt, ja sogar wer versucht, neutral zu bleiben, weil er sich seine intellektuelle Freiheit bewahren will, wird damit wenig Erfolg haben. Den kann er nur erwarten, *„wenn er sich als echter Freund oder Feind erweist, das heißt, wenn er ohne jede Rücksicht die Partei des einen oder des anderen nimmt, was stets nützlicher ist, als neutral zu bleiben."*[93]

Die Chinesische Mauer

Wer die Brücken verbrennt und sich einmauert, gibt damit offen zu, dass er ohne solche Begrenzungen nicht auskommen kann. Das Errichten von Mauern ist daher stets ein Zeichen der Schwäche, auch wenn es immer wieder als Stärke verkauft wird. Man sieht das an der Chinesischen Mauer, an der Grenzmauer der DDR, der koreanischen Grenze, dem Zaun zwischen USA und Mexiko und nicht zuletzt an der Mauer zwischen Israel und Palästina. Mauern sind nichts anderes als das äußere Zeichen dafür, dass die Souveränität sich nur auf das eigene Territorium bezieht.

In der dritten Phase muss man (spätestens) Anwälte und andere Berater hinzuziehen. Es wäre vernünftig, das viel früher zu tun, aber die meisten Leute haben Angst vor Anwälten: „*Advokaten sind eine Gattung von Leuten, welche die Gewohnheit ihres Geistes, die notwendige Folge ihres Berufes, im Allgemeinen recht gefährlich machen.*“[94]

Der Leidensdruck des Konflikts muss also so stark werden, dass man sich trotz dieses Widerwillens zum Anwalt begibt – mit Zahnärzten ist das genauso. Um das zu testen, lautet meine erste Frage bei neuen Mandanten: „*Wollen Sie nicht doch noch einmal versuchen, mit Ihrem Gegner persönlich zu sprechen?*“ Wenn dann ein energisches: „*Unter keinen Umständen!*“ erfolgt, weiß ich, dass meine Arbeit wirklich gebraucht wird. Denn jetzt ist es mein Job, aus den schlechten Eigenschaften, die ich als Anwalt brauche, das Beste zu machen.

Wenn Anwälte nicht in bestimmten Situationen aggressiv und ironisch sein können, sind sie ihr Geld nicht wert, denn sie werden dafür bezahlt, das Recht nur im Interesse ihrer Mandanten wirksam durchzusetzen. Und dazu gehören nicht nur rechtliche Mittel. Gute Anwälte haben gelernt, gemeinsam mit ihren Mandanten Strategien zu entwickeln, in die ihre Erfahrungen aus anderen Konflikten einfließen und in der das Recht eine zwar unverzichtbare, aber keinesfalls die alleinige Rolle spielt. Entscheidend ist die Arbeit am Sachverhalt und die Entwicklung von Vorschlägen, die Überzeugungskraft haben.

Aber auch die Stilfragen gehören dazu, die Fähigkeit, Angriffe auszuhalten, die sich gegen die Mandanten richten, und sich auch dann mit ihm identifizieren zu lassen, wenn er einem nicht einmal sympathisch ist.

Die sorgfältige Auswahl des Anwalts, der kompetent genug ist, einen Streit wirklich zu Ende zu bringen, ist in dieser Phase die schwierigste Aufgabe: *„Die Wahl der Minister ist für einen Fürsten von nicht geringer Bedeutung; sie sind je nach seinem Scharfblick gut oder schlecht.“*[95] Über die Kunst, den richtigen Anwalt auszuwählen, sind schon Bücher geschrieben worden. Der beste Rat ist: *„Man muss sich seinen Anwalt von einem anderen Anwalt empfehlen lassen!“*[96] Ich weiß: Dieser Satz klingt sehr merkwürdig, denn woher soll man wissen, dass ein Anwalt den kompetenten Kollegen kennt, den man sucht, und was sollte ihn daran hindern, sich selbst als kompetent zu bezeichnen?

Der Grund, warum man einen Anwalt fragen muss, ist folgender: Nur Anwälte können mit ihrem kritischen Blick wirklich beurteilen, ob ein Kollege, der häufig in der Zeitung steht oder sonst berühmt ist, wirklich gute Arbeit leistet. Sie sind es gewohnt, Menschen – und besonders gerne ihre Kollegen – kritisch zu betrachten. Sie wissen außerdem: Wenn ihre Empfehlung falsch war, fällt das auf sie zurück, denn es ist ihre Kernkompetenz, die Leistung anderer Anwälte richtig zu beurteilen.

Die Sorge, der angefragte Anwalt werde sich selbst empfehlen, ist unberechtigt. Zum einen bietet man ihm ein angemessenes, an seinem Zeitaufwand orientiertes Stundenhonorar an, und kein Mensch, der Takt oder Fairness besitzt, wird in diesem Fall für Geld auf sich selbst verweisen. Zum zweiten besteht seine Leistung ja nicht darin, nur *einen* Namen zu nennen, sondern eine Reihe von zwei bis drei geeigneten Personen, und diese Wahl muss er auch begründen können.

Ich spreche ausdrücklich von Personen, nicht von der Anwaltsfirma, in der ein bestimmter Anwalt tätig ist. Anwälte müssen durch ihre Persönlichkeit und ihre Berufserfahrung überzeugen. Man findet sie in kleinen wie in großen Büros, und die Frage, wie groß eine Anwaltsfirma sein muss, um ein bestimmtes Problem zu lösen, hängt wirklich nur von der Art des Problems ab: Wer einen Konzern kaufen will, der in zehn Ländern der Erde Niederlassungen hat, wird den Auftrag schwerlich einem Einzelanwalt in Tübingen geben, der aber vielleicht bundesweit zu den überragenden Spezialisten im Sozialrecht gehört. Nur ein anderer Anwalt wird das wissen.

Man wird danach mit jedem der empfohlenen Anwälte ein Gespräch führen und sich nicht schon nach dem ersten Gespräch entscheiden! Allein an der Art und Weise, wie diese Termine vereinbart werden und wie die Anwälte sich darstellen, merkt man sofort, ob man zueinander passt. Wer sich von einem ungeeigneten Anwalt beraten lässt, *„reitet (...) ein hinkendes Pferd, das strengt den Reiter zu sehr an.“*[97]

In Deutschland haben Anwälte im Verhältnis beispielsweise. zu den USA einen ziemlich guten Ruf. Hier rangieren wir unter den ersten sechs angesehensten Berufen, zu denen Ärzte, Hochschullehrer und Pfarrer etc. gehören. In den USA hingegen haben nur Taxifahrer, Gebrauchthändler und Politiker einen schlechteren Ruf als

Anwälte. In Shakespeares Drama „Heinrich VI." ruft ein Metzgermeister, der eine Horde Revoluzzer anführt: *„Das erste, was wir machen, ist: Wir bringen die Anwälte um!"* Nehmen wir an, es wäre ihm gelungen: Wer hätte ihn im nachfolgenden Prozess verteidigt?

In jüngerer Zeit bietet sich neben den Anwälten eine Vielzahl anderer Berater an, die Rechtskenntnisse haben: Psychologen wirken als Schlichter, Professoren schreiben Gutachten, Banken machen Testamente und Unternehmensberater begleiten Firmenfusionen auch in wesentlichen Rechtsfragen. Die neue Gesetzeslage lässt das innerhalb gewisser Grenzen aus unterschiedlichen Gründen zu. Es kann sehr sinnvoll sein, sich z. B. im Rahmen einer Schlichtung eines Psychologen zu bedienen. Aber man muss sich darüber im Klaren sein, dass nur Anwälte drei Fähigkeiten und Verpflichtungen haben, die für die Durchsetzung von Recht unbedingt erforderlich sind und bei Verstößen Strafen nach sich ziehen:

– Anwälte müssen absolut verschwiegen sein.
– Anwälte dürfen sich nur den Interessen ihrer Mandanten widmen.
– Anwälte müssen unabhängig sein und bleiben.

Eine Bank wird als Testamentsvollstreckerin dem Erben ungestraft überwiegend ihre eigenen Wertpapiere empfehlen, ein Unternehmensberater darf den Käufer wie den Verkäufer ebenso ungestraft mit seinem Rat unterstützen etc. Eine klare Durchsetzung meiner eigenen Interessen kann ich von ihnen nicht erwarten.

Welche sonstigen Berater man in einem Konflikt einsetzen muss, lässt sich nicht verallgemeinern. Sachverständige aller Kategorien können dazugehören, aber auch Leute mit Lebenserfahrung, mit denen man sich immer wieder einmal austauschen kann. Das bedeutet gleichzeitig, ungefragte Ratgeber abzuwehren. Nur seine Berater sollte man *„über alles befragen, ihre Meinung anhören und dann seinen eigenen Entschluss fassen. (...) Außer diesen aber muss {man} niemandem sein Ohr leihen, auf Beschlossenes nicht zurückkommen und in seinen Entschlüssen fest bleiben.“*[98]

Ein ausdrücklich eingesetzter Berater darf sich allerdings nie nur auf die Beantwortung von Fragen beschränken. Er muss mithelfen, sie zu entwickeln, und der Mandant *„muss reichlich fragen und alsdann über das Gefragte geduldig die Wahrheit anhören, ja wenn er merkt, dass jemand sie ihm aus irgendwelchen Gründen nicht sagt, ihm zürnen.“*[99]

Immer wieder muss man auch daran erinnern, dass derjenige, der im Konflikt steht, auch über die Maßnahmen entscheiden muss, wie er geführt wird. Viele Mandanten versuchen, diese Verantwortung auf ihre Berater zu delegieren, und erzeugen damit nur, dass ihnen immer mehr nach dem Mund geredet wird.

Wenn man so vorgeht, dann entspringen *„gute Ratschläge (...) der Klugheit des Fürsten (...) und nicht die Klugheit des Fürsten aus guten Ratschlägen.“*[100]

In der dritten Phase muss man die strategischen Modelle entwickeln, nach denen man den Konflikt lösen will. Das kann eine erhebliche Investition von Zeit, Geld und Intelligenz bedeuten, vor der die meisten Menschen zurückschrecken. Sie vertrauen auf ihre Lebenserfahrung und *„fangen ohne viel Überlegung eine Sache an, die einen augenblicklichen Vorteil bietet und sie gegen die damit verbundenen Gefahren blind macht."*[101]

Der kleine Nachbarschaftsstreit kann dazu führen, dass man sich das Leben auf Jahre hinaus vergiftet. Deshalb lohnt es sich, in Ruhe darüber nachzudenken, wie man den Konflikt erfolgreich lösen kann.

Der häufigste Fehler bei der Entwicklung strategischer Überlegungen ist es, sich nur die positiven Entwicklungen vorzustellen, nicht aber die negativen: *„Viel stärker wirkt auf die Menschen die Hoffnung des Erwerbs, als die Besorgnis vor Verlusten. Denn Letztere befürchtet man bloß, wenn sie in der Nähe sind, auf Erstere hofft man, mag sie noch so in der Ferne liegen."*[102]

Für das Verhalten an der Börse ist dieses Phänomen schon gründlich untersucht worden,[103] es gilt aber auch für Konfliktstrategien. Man muss sich dazu zwingen, den Prozessverlust, die damit verbundenen Kosten, den Zeitaufwand, die emotionale Verwirrung und andere Faktoren in den schwärzesten Farben zu malen. Wenn man sich dann trotzdem entschließt, den Konflikt durchzufechten, steht man auf sicherem Boden.

Die Strategie, die man wählt, muss möglichst einfach sein. Leistungsfähig ist nämlich nur das, was *„so kompliziert wie notwendig und so einfach wie möglich“*[104] gemacht worden ist. Komplizierte Strategien scheitern häufig schon bei den ersten Schritten zur Durchführung, und das entmutigt und legt den Verdacht nahe, dass die Überlegungen falsch waren. *„Je einfacher denken, ist oft eine gute Gabe Gottes“*, pflegte Konrad Adenauer (grammatisch falsch, inhaltlich aber richtig) zu sagen, der in seinem politischen Leben eine Vielzahl sehr komplexer Strategien entwickelt und durchgeführt hat. Während wir in Phase 1 nur nach kurzfristigen Strategien suchten, um mehr Informationen sammeln zu können, muss es in der zweiten Phase schon um mittelfristige Überlegungen gehen. Die wichtigsten sind:

- Abwarten und wach bleiben.
- Untertauchen.
- Sofort anerkennen.
- Vermittler einschalten.
- Aufrüsten.
- Koalitionen bilden.

Der Berg bewegt sich nicht

Die erste Strategie, über die man nachdenken sollte, ist, überhaupt nichts zu tun. Vielleicht verpufft der Angriff im Nichts, vielleicht hat er keine gravierenden Konsequenzen, oder der Angreifer hat nach dem ersten Zusammenstoß auf

einmal erkannt, dass weiteres Handeln unvernünftig wäre.
Der Grundsatz: „Der Berg bewegt sich nicht" stammt aus der chinesischen Militärstrategie und hat folgenden Hintergrund:

- Wer sich nicht bewegt, zeigt damit gleichzeitig seine Macht: Denn gegen seinen Willen kann er offenbar nicht bewegt werden.
- Wer handelt, enthüllt damit gleichzeitig jedenfalls indirekt seine Pläne und Motive.
- Auch wer nur spricht, aber nicht handelt, eröffnet damit Interpretationen, denen der Schweigende nicht ausgesetzt ist.
- Dass Unbeweglichkeit Stärke bedeutet, sieht man bei jeder Verhandlung und in nahezu jeder Reaktion der Beteiligten, wenn es um Rang- und Machtfragen geht: Schon die Bitte um Information ist ein Zeichen von Schwäche, und wer seinen Rang durch komplizierte Verhaltensvorschriften sichtbar machen muss, zeigt damit, dass sein Rang fragwürdig ist.

Auch Machiavelli war dieser Ansicht. Über Giovanni de Medici, der ohne ein offizielles Amt in Florenz gleichwohl die gesamte Politik der Stadt durch seine Beziehungen beeinflusste, schreibt er: *„Nie betrat er den Palast, wenn er nicht gerufen ward."*[105]

Die Unbeweglichkeit hat aber auch ihre Gefahren: *„Kraft zeugt Ruhe, Ruhe Trägheit, Trägheit Unordnung, Unordnung Zerrüttung."*[106] Wer sich nicht bewegt, darf deshalb nicht abschlaffen, sondern muss mit gespanntester Aufmerksamkeit die Situation beobachten, die es vielleicht gebietet, doch zu reden oder zu handeln.

Untertauchen

Wer im ersten Ansturm nicht geflüchtet ist, kann es sich in der Phase drei noch einmal überlegen. Panik, Gerede und Chaos können so groß sein, dass man es vorzieht, unterzutauchen, um sich in ruhigen Zeiten wieder sehen zu lassen.

Dieses aktive Untertauchen darf man aber nicht mit der Idee verwechseln, den Kopf in den Sand zu stecken. Man wird die Probleme ja dadurch nicht los, aber man gewinnt vielleicht weitere Zeit, und die Verhältnisse klären sich auf. Und außerdem kann man vielleicht besser beurteilen, worauf man Einfluss hat und worauf nicht. Wenn man bei sorgfältiger Prüfung erkennen muss, dass es nichts gibt, was man selbst tun könnte, dann sollte man sich darüber auch keine Gedanken machen.

Sofort anerkennen

Die nächste Möglichkeit besteht darin, fremde Ansprüche nach hinreichender Prüfung sofort anzuerkennen. Vielleicht muss man sich dann die Frage gefallen lassen, warum man das nicht schon früher getan hat. Oft hat man aber in der sich abzeichnenden Krise die Sache nicht ernst genommen und ist durch den doch erfolgenden Angriff so erschreckt, dass man nicht handeln konnte.

In der Praxis kommt die sofortige Anerkennung fast nie vor. Deshalb wirkt sie umso überraschender, und dadurch kann man verlorenen Boden wieder gut machen.

Vermittler einschalten

Es dürfte kaum einen Konflikt geben, in dem man nicht wenigstens versuchen muss, einen Vermittler einzuschalten. Man kann auch seinen Anwalt damit beauftragen, einen Schlichtungsversuch zu organisieren. Es gibt eine Vielzahl von Schlichtungsstellen in einzelnen Branchen, aber auch in den Gemeinden und den Gerichten. Am wirkungsvollsten ist die Vermittlung durch einen neutralen Menschen, der die beteiligten Personen gut kennt und respektiert wird. Im asiatischen und pazifischen Kulturraum führt an dieser Strategie kein Weg vorbei, und wir sollten von dort lernen.

Aufrüsten

Zu den strategischen Modellen gehört es auch, seine Unabhängigkeit in jeder Hinsicht zu sichern: *„Ein weiser Fürst {muss} sich auf das verlassen können, was von ihm abhängt und nicht auf das, was von den anderen abhängt, und nur darauf achten, dass er nicht gehasst werde.“*[107]

Nur wer eine realistische Vorstellung von den Lasten hat, die der Konflikt für ihn bringt, der die Verantwortung für ihn übernimmt, der fremden Rat einholt, aber sich von ihm nicht abhängig macht, wird genau wissen, was zu tun ist. Natürlich kannte Machiavelli das alte lateinische Sprichwort: „Wenn Du den Frieden willst, bereite den Krieg vor" (Si vis pacem, para bellum). Da die meisten Konflikte in unserem Kulturkreis innerhalb eines Rechtssystems ausgetragen werden, meinen viele Leute, sie seien aus fachlichen Gründen unfähig, eine passende Strategie zu entwickeln, und versuchen, dies – samt der Entscheidung darüber – ihren Anwälten oder anderen Söldnern zu überlassen.

Das ist grundverkehrt. Anwälte, Wirtschaftsprüfer, Steuerberater und andere Experten sind zwar unverzichtbar, wenn man deren fachlichen Rat braucht. Sie können auch am Design der Strategie mitwirken und ihre Erfahrungen einbringen. Dabei werden sich immer mehrere Alternativen bilden. Man ist als Anwalt stets in einer problematischen Position, wenn der Mandant die Verantwortung, welcher dieser Alternativen er wählen will, ablehnt, denn dann wird einem eine Entscheidung zugeschoben, die die übernommene Verantwortung übersteigt. Die Entscheidung über Strategien ist auch für Privatpersonen eine „Management-Entscheidung", hinter der man persönlich stehen muss.

Nur wenn man selbst entscheidet, kann man auch erkennen, ob die eigenen Berater solidarisch oder fähig sind. An beidem kann es fehlen: *„Die Söldnerführer sind entweder hervorragende Männer oder nicht. Sind sie es, so ist kein Verlass auf sie, weil sie stets nach eigener Größe trachten, (…) ist aber der*

Feldhauptmann untüchtig, so bereitet er seinem Kriegsherrn meist den Untergang."[108]

Zum Aufrüsten gehört aber nicht nur die Planung von Werkzeugen und Mitteln, sondern auch die Fähigkeit, Entscheidungsdruck zu erzeugen, dem Gegner die Zeit zu verkürzen, Alternativen zu entwickeln und von all dem nach außen hin so wenig zu zeigen wie möglich.

Koalitionen bilden

Schließlich muss man sich überlegen, ob man Koalitionen bilden soll. Machiavelli rät im Zweifel davon ab, denn *„nur Männer, die für den eigenen Ruhm kämpfen, sind tüchtige und treue Soldaten."*[109] Typische Koalitionen findet man etwa bei Erbengemeinschaften oder beim Zusammenschluss mehrerer Konkurrenten oder auch bei Investoren, die sich zusammentun, um ein Unternehmen zu erwerben. Häufig wird in diesen Zusammenhängen nur von den finanziellen Interessen gesprochen. Dabei übersieht man, dass *„das Geld ... nicht der Nerv der Dinge {ist}, wie man gewöhnlich glaubt."*[110] Man muss vielmehr zuerst die Frage klären, wem der Ruhm und die Führung des Unternehmens zustehen soll. Oft muss man sich die Unterordnung der anderen durch Geld erkaufen! Diese Binnenkämpfe, die jede Koalition kennzeichnen (vor allem die politischen Koalitionen), sind der Hauptgrund für ihren Misserfolg. Wer hinter die Fassade der Koalition sehen kann, merkt oft genug, dass sie nur ein Papiertiger ist.

Aus der Königsberger Kaiserrede

„Die Hauptaufgabe der deutschen Frau liegt nicht auf dem Gebiet des Versammlungs- und Vereinswesens, nicht im Erreichen von vermeintlichen Rechten, in denen sie es den Männern gleichtun kann, sondern in der stillen Arbeit im Hause und in der Familie ..."

VII.

DIE VIERTE PHASE: KRIEG

Offene Gewalt / Angst macht aggressiv / Der Tunnelblick / Der Mut der Verzweiflung / Prozesse / Lügen in den Zeiten des Krieges / Viel Feind, viel Ehr / Glückliche Zufälle / Virtù / Momentum

Auf die Phase des Schweigens folgt entweder offene Gewalt, ein Gerichtsverfahren oder die Verhandlung.

Körperliche Gewalt ist – von gewissen Randbedingungen abgesehen – in unseren Breitengraden selten, auch wenn der öffentliche Eindruck anders ist. Hätte es zu Machiavellis Zeiten Presse und Fernsehen gegeben, wäre offene Gewalt dort wahrscheinlich gar kein Thema gewesen – ganz einfach deshalb, weil sie selbstverständlich zum Alltag gehörte. Immer wieder vergessen wir, dass das Gewaltmonopol des Staates eine relativ junge Entwicklung ist.

Bei uns überwiegt indirekte Gewalt, die taktischen Schachzüge außerhalb der Verhandlung, der Einsatz von Prozessmaßnahmen – kurz: alles, was zwischen dem Schweigen und der Verhandlung getan wird, um den Konflikt zu entscheiden.

Angst macht aggressiv

Bei offenen Auseinandersetzungen steigern sich Wut, Aggression und Hass auf die Gegner wie in einem Dampfkessel. Die Situation kann sehr schnell irreal werden. Ich erinnere mich an eine Konferenz unmittelbar nach einer langen Phase kalten Krieges, in der die Parteien sich die vielfältigen Schandtaten der Gegner in immer heftigeren Worten zuriefen, um keinen Zweifel an der Bereitschaft zu lassen, sich gegenseitig zu schlachten. Im wilden Kurdistan hätte mich das nicht verwundert, es waren aber alles brave Software-Ingenieure, die völlig aus der Fassung geraten waren. Gerade Ingenieure oder Naturwissenschaftler, die eher nüchterne Menschen sind, die sich selten streiten, geraten in solche Zustände viel leichter als z. B. Journalisten.

Gott sei Dank gibt es nur wenige Leute, die solch eine Stimmung bis in die Konferenz- oder gar Gerichtssäle tragen. Das dortige Ambiente wirkt so einschüchternd, dass die meisten wieder Vernunft annehmen. Man wird nämlich *„umso schwächer, je näher der Feind kommt.“*[111]

Der Tunnelblick

Offene Gewalt entsteht entweder aus einer unmittelbaren Reaktion oder sie muss durch Umstände wie die Isolation und die Abwehr fremder Informationen angeheizt werden. Wer Informationen ablehnt, kann immer weniger Realität wahrnehmen, weil er nicht mehr differenzieren kann. So gerät man auf den *„Königsweg zur Unterkomplexität“*.[112] Auf diesem Weg erscheinen nur noch die einfachen Lösungen als die richtigen, das Problem und seine Verursacher sollen mit Stumpf und Stiel ausgerottet werden, man überschätzt die eigenen Kräfte, und so entsteht langsam das Gefühl, man befinde sich in einem Tunnel, aus dem es nur einen Ausweg gibt: den Krieg!

Der besondere Stress, den der offene Konflikt immer auslöst, macht es schwer, planvoll zu steuern, auch wenn man sich vorher eine Strategie zurechtgelegt hat. Oft genug beschränken sich die Parteien darauf, auf Aktionen der Gegenseite irgendwie zu reagieren. Da jede Seite dabei Fehler macht, glaubt man sich gelegentlich überlegen. Man darf aber *„einer offensichtlichen Dummheit des Feindes nie trauen (...), denn immer wird eine List dahinter stecken, da die Menschen vernünftigerweise nicht völlig unvorsichtig sind. Allerdings verblendet sie das Verlangen zu siegen häufig so sehr, dass sie nur das sehen, was für sie vorteilhaft scheint."*[113]

Der Mut der Verzweiflung

Diese Mechanismen wirken leider auch dann, wenn man sich in Notwehr befindet und damit Gewalt rechtfertigen kann. Es gab und gibt nie einen sauberen Krieg, in dem man sich die Hände nicht ebenso schmutzig macht wie der Gegner, denn *„der Krieg ist ein wildes Tier, das jedes Moralgefühl niederreißt"* (Umberto Eco).

Das gilt umso mehr, als die meisten, die für den Krieg Feuer und Flamme sind, wenig Erfahrung mit ihm haben (denn sonst wären sie schon tot). Es gibt keinen Frontsoldaten, der am Ende nicht desillusioniert aus dem Krieg zurückgekehrt wäre. Hier tritt der Unterschied zwischen Erfahrung und Wissen klar hervor: Wer etwas weiß, kann es mit seinem Verstand beobachten und bewerten, aber er kann keine Gefühle damit verbinden. Ein Buch über den Schlieffen-Plan von 1914 zu lesen, ist ein intellektuelles Vergnügen, im Trommelfeuer von Verdun zu liegen, umgeben von Tod und Verwesung, jedoch nicht.

Um all das zu verdecken, hat man früher die Feldschlachten wie Feste organisiert, sich bunt angezogen, die Waffen prächtig geschmückt, Musik, Marketender und Huren bestellt und ist schließlich mit singendem Spiel in den Tod gegangen.

Im kalten Krieg, der dritten Phase der Weltkonflikte, ist all das erstickt worden. Die offene Gewalt richtet jeder gegen jeden, und wie wir an der Diskussion über Guantánamo sehen, wird die Frage nach der Haager Landkriegsordnung von 1899/1907 von den meisten Regierungen nur noch belächelt. *„Die Kriege im Zeitalter des Weltfriedens sind Privatkriege, furchtbarer als alle Staatenkriege, weil sie formlos sind"*,[114] hat schon Oswald Spengler klar vorausgesehen.

Früher hat man den Krieg als die Fortsetzung der Diplomatie mit anderen Mitteln betrachten können. Heute gibt es keine Kriegserklärungen mehr.

Prozesse

Prozesse gehören nicht zum Bereich der offenen Gewalt. Man kann sie aber nur richtig verstehen, wenn man begreift, dass sie Teil eines Kriegskonzeptes sind, das sich erst in der vierten Konfliktphase entfaltet. Anders als Schlichtungen rufen Prozesse die staatliche Gewalt auf, die nur mit dem Schwert des Rechts – und nicht mit anderen Hilfsmitteln – streitig entscheiden soll. Die Parteien müssen im Prozess zwar die Initiative in die Hand nehmen – sei es zum Angriff oder zur Verteidigung –, aber die Entscheidung hat nur noch das Gericht in der Hand. Die jahrelange anwaltliche Erfahrung hat mir gezeigt, dass Prozesse als Kriegsersatz nur selten funktionieren. Am besten klappt das noch im Wettbewerbsrecht, wenn z. B. ein Unternehmen einem anderen untersagt, eine ähnliche Marke zu verwenden oder ein Vertriebssystem zu gefährden, und natürlich ist ein Prozess immer dann sinnvoll, wenn man von jemandem Geld verlangt, der es aber nicht freiwillig bezahlen will.

Fast machtlos ist der Prozess im Gesellschaftsrecht: Stämme von Erben, die miteinander zerstritten sind, kann man mit einem Urteil nur trennen, aber nicht zusammenführen, denn die Juristen arbeiten im Prozess wie die Pathologen: Sie können erklären, wie es zu dem Konflikt kam und denjenigen verurteilen, der für ihn verantwortlich ist, aber heilen können sie nichts.

Deshalb ist es oft nicht einfach zu entscheiden, wann man mit prozessualen Mitteln arbeiten soll. *„Handelt man zu spät, so verpasst man die günstige Gelegenheit, handelt man zu früh, so hat man noch nicht genügend Kraft gesammelt."*[115] Der Ausgang eines Prozesses hängt in erster Linie von der vollständigen Sammlung und geschickten Darstellung der Tatsachen ab und in zweiter Linie von der rechtlichen Intelligenz der Anwälte.

Einen guten Anwalt erkennt man daran, dass er keine rechtliche Bewertung abgibt, bevor er nicht alle Tatsachen kennt, die dazu nötig sind. Das macht den Mandanten Arbeit und um die möchten sie sich gerne drücken. Sie vergessen dabei, dass sie es sind, die die Verantwortung für den Konflikt tragen. Sie sind für das Konfliktmanagement verantwortlich und müssen auch die Entscheidungen treffen, die ihre Berater vorbereiten. Wer also mit schnell zusammengerafftem Tatsachenmaterial und flüchtigen Rechtsargumenten in den Prozess geht, muss sich nicht wundern, wenn er verliert, denn: *„Das Geheimnis aller Siege liegt in der Organisation des Unscheinbaren."*[116]

Jeder, der einen Prozess beginnt oder in ihn hineingezogen wird, betritt unbekanntes Gelände. Er muss vor allem damit rechnen, dass es ihm in vielen Prozesslagen nicht möglich sein wird, die Entscheidungskriterien anzuwenden, die er vielleicht als Manager, Familienvater, Künstler oder Beamter gewöhnt ist. Der Prozess hat seine eigenen Regeln, die der Laie nicht durchschauen kann.

Darüber hinaus steht das eigene Gefühl oft den vernünftigen Gedanken entgegen, die man vielleicht fassen, aber nicht umsetzen kann. Die Sturheit, die einen durch viele schwierige Lebenslagen gebracht hat, kann auf einmal falsch sein, die Nachgiebigkeit hingegen wirft ebenso Chancen zum Fenster hinaus. *„Nun aber ist ein Mensch selten so klug, dass er sich diesem Wandel anzupassen verstände, teils, weil er den Weg nicht verlassen kann, den seine natürliche Anlage ihm weist, teils weil jemand, der auf einem eingeschlagenen Wege stets Glück hatte, sich nicht davon überzeugen kann, dass es gut wäre, ihn zu verlassen."*[117]

Auf diese Weise erlebt man Prozesse, die vielleicht mit einer unscheinbaren Einstweiligen Verfügung begonnen haben und dann über 30 bis 40 Klagen, Berufungen, Beschwerden und andere Rechtsmittel über die Jahre aufblühen wie eine Plantage.

Lügen in den Zeiten des Krieges

Streit ist der beste Nährboden für jede Art von Lügen. *„Ein Krieg ohne Lügen ist ebenso unvorstellbar wie eine Maschine ohne Öl.“*[118] Eine der größten Heucheleien, ja eine der größten Lebenslügen ist es, das Lügen pauschal zu verdammen. Es ist im Gegenteil ein äußerst vielschichtiges Verhalten, das nur in wenigen Fällen verwerflich ist.

Wir lügen,
- um wertgeschätzte Menschen in einer Konfliktsituation nicht zu kränken,
- in Notwehrsituationen, um unangemessene Forderungen stillschweigend zu umgehen,
- um unlautere Erfolge zu erzielen, die mit der Wahrheit nicht erreichbar sind.

Nur im letzteren Fall gibt es moralische Probleme, und oft genug sind Lügen – z. B. für Kinder – die einzige Waffe, die man zur Hand hat. Lügen kann lebensrettend sein.[119] *„Das Problem ist, dass es in unseren Gesellschaften kein freimütiges Bekenntnis zur Notwendigkeit des Lügens gibt.“*[120] Dieser Satz könnte von Machiavelli stammen, der sagte: *„Wer den Feind durch List überwindet, wird ebenso berühmt, wie wenn er ihn mit Gewalt besiegt.“*[121]

Da unsere Zivilkriege überwiegend in Prozessen stattfinden, sollten wir uns die Funktionen der Lüge dort einmal genauer ansehen.

Jeder Richter und jeder Anwalt wird Ihnen bestätigen, dass nirgendwo mehr gelogen wird als im Gerichtssaal. Die drei Funktionen der Lüge werden im Prozess in ihren Wirkungen verstärkt:

– Die Lüge hat eine Chance, sich durchzusetzen, weil die dahinter liegenden Tatsachen ja bewiesen werden müssen und das nicht immer möglich ist.
– Die Lüge stärkt das eigene Selbstbewusstsein, solange bis sie widerlegt ist.
– Die Lüge bleibt erfahrungsgemäß sanktionslos, denn es gibt nur sehr wenige Prozesse wegen Prozessbetruges.

Kurz: Lügen ist in Prozessen eine Selbstverständlichkeit, auch wenn jeder Verstoß (Meineid etc.) mit Strafe bedroht ist und man als Anwalt dringend davor warnt. Man wird stattdessen selbst angelogen, weil nur wenige Lügen entdeckt werden: Gerade einmal 17 Urteile des Bundesgerichtshofes finden sich Ende 2006 in der großen Datenbank Beck-online zum Stichwort „Prozessbetrug“, ein Bruchteil im Verhältnis zu anderen Straftaten. Deshalb ist es mit den Lügen genauso wie mit den Geschwindigkeitsüberschreitungen im Straßenverkehr: Die relative Gewissheit, nicht entdeckt zu werden, hilft den Lügen zum Erfolg, denn das einzige Mittel, das die Leute von Straftaten abhält, ist nicht die Höhe der Strafe oder die gesellschaftliche Sanktion, sondern die Befürchtung, dass man erwischt wird.

Wie immer, wenn Gruppen auftreten oder mehrere streiten, gibt es besondere Schwierigkeiten, weil die Lage komplexer wird. Auch Machiavelli greift den altrömischen Rat auf: *„Divide et impera"*[122] (teile und herrsche), und dieser Rat stimmt auch heute noch. Er hängt eng mit dem schon früher gehörten Rat zusammen, dass man sich möglichst unabhängig von fremden Hilfskräften machen muss. Koalitionen können sich leicht bilden, wenn sie durch aktuelle Interessen zusammengehalten werden. Genauso schnell trennen sie sich aber auch. Wer sich mehreren Gegnern gegenüber sieht, muss daher alle Kräfte darauf wenden, *jedem* von ihnen (unabhängig von den anderen) so zu schaden oder zu nützen, dass dessen Koalition zerbricht.

Glückliche Zufälle

Man kann nicht alles planen, und was man plant, geht oft genug daneben. Vor allem *„schlaue und tollkühne Pläne erscheinen anfangs gut, während man sie bei der Ausführung schwierig, beim Ausgang nachteilig findet."*[123]

Mit glücklichen Zufällen darf man zwar nicht rechnen, aber sie treten gelegentlich auf. Warum haben manche Leute mehr Glück als andere?

Machiavelli glaubt, manchmal *„gelingt es zweien auf verschiedene Weise gleichermaßen: dem einen mit Vorsicht, dem ande-*

ren mit Ungestüm; und dies hängt lediglich davon ab, ob sie sich dem Charakter der Zeit anpassen oder nicht."[124]

Zum Glück gehört es also ganz gewiss, die Zeichen der Zeit zu erkennen und nicht gegen den Strom zu schwimmen, wenn das zu viele Kräfte erfordert. Noch wichtiger aber scheint mir die Fähigkeit, überhaupt zu erkennen, dass man Glück hat, und dem Glück dann „*dreist {zu} befehlen*",[125] denn: „*Fortuna ist ein Weib, das man stoßen und schlagen muss.*"[126]

Man kann über Helmut Kohls politische Leistung denken, wie man will, eines muss man anerkennen: Er hat die kleine Chance, die sich unmittelbar nach dem Zusammenbruch der DDR für die Wiedervereinigung zeigte, im November 1989 mit seinem Zehn-Punkte-Plan beherzt ergriffen und tat das in dem vollen Bewusstsein, dass die Alliierten über diesen Schritt nicht glücklich, vielleicht sogar entsetzt waren. Hier hat sich seine langjährige Schulung als Machtpolitiker glänzend bewährt. Da er ein großer Leser war, der sich seine Bildung allerdings selten anmerken ließ, hat er vielleicht sogar Machiavellis Brief gekannt: „*Und da Fortuna alles lenken will, muss man sie es treiben lassen, Ruhe bewahren und ihr nicht hinderlich sein und die Zeit abwarten, bis sie uns Menschen etwas tun lässt (…), und dann wird es gut sein zu sagen: Da bin ich!*"[127]

Virtù

Tapferkeit und Risikobereitschaft, die zu solchen Schritten gehört, kann man mit ziemlicher Sicherheit nicht lernen.

Man kann sogar mit der Strategie konsequenter Risikovermeidung in hohe Ämter gelangen, wie Machiavellis Chef Piero Soderini, der Stadtherr von Florenz. Er kam in sein Amt und wurde erstmals sogar lebenslang gewählt, weil er eine ausgleichende Natur war und die oft kreuz und quer verfeindeten Parteien in Florenz immer wieder verstand, an einen Tisch zu bringen. Aber er war nicht fähig, eine schwierige Konfliktentscheidung zu treffen.

Vielleicht hat ihn auch seine Lebenserfahrung des ewigen Umherlavierens von dem entscheidenden Kompromiss abgehalten, den er unbedingt hätte schließen müssen: Als 1512 die spanischen Belagerungstruppen anboten abzuziehen, wenn sie verproviantiert würden, lehnte er diesen Kompromiss ab, und trieb so die gegnerischen Truppen in Hunger und Verzweiflung. Das gab ihnen Mut, die Stadt Prato zu erstürmen und die Einwohner nieder zu machen. Machiavelli erwähnt diesen Vorfall nicht nur deshalb oft, weil mit dem Fall Piero Soderinis auch sein Amt zu Ende war. Er spricht auch davon, weil zum Glück eben auch die Risikobereitschaft gehört. Man muss in so schwierigen Situationen auch über seinen Schatten springen können: *„Um einen kleinen Fisch zu fangen, lassen sich die Fische vom Meer durchnässen; ich lasse mich wohl anspucken, um einen Walfisch zu fangen.“*[128]

Momentum

Die richtige Zeit *(kairos,* wie man im klassischen Griechenland sagte) ist es, die dazu kommen muss, damit das Glück sich auch wirklich durchsetzen kann. Es müssen also die Stimmungslagen der Parteien so gut zueinander passen, dass sie gemeinsam über die Brücke gehen können. Solange das nicht der Fall ist, gibt es keine *„schwierigeren Verhältnisse (...) als diese, wo der Friede notwendig ist und vom Krieg nicht abgelassen werden kann.“*[129] In dieser typischen Double-Bind-Situation kann man schlimmstenfalls nicht einmal den Knoten durchhauen. Dann bleibt nichts anderes übrig, als in die Phase drei – die Phase der Isolation – zurückzukehren und noch einmal ganz von Neuem zu beginnen.

Konjunktur

„Johann, Ihre Gehaltserhöhung besteht darin, dass Sie nicht entlassen werden."

VIII.

DIE FÜNFTE PHASE: VERHANDLUNG

Versailles oder Potsdam / Verhandeln als soziales Ritual / Strukturen schaffen / Macht und Ohnmacht / Die Entscheider gehören an den Verhandlungstisch / Verbindung ist nicht Kommunikation / Argumente sind Geräusche – aber sie können Gefühle ändern / Drehbücher / Basarhandel / Machtstrategien / Das Harvard-Konzept / Gefühlstrategien / Nochmals: Komplexität / Werkzeuge der Verhandlungsführung / Stil und Respekt / Aspekte des Sprechens / Schwierigkeiten in der Gruppe / Schwierige Verhandlungssituationen / Reaktion auf Drohungen / Die Bilanz der Zugeständnisse / Strategien der Leere

Schon in den Kriegszeiten werden immer wieder Emissäre geschickt, die den Friedenswillen ausloten sollen, Vermittler werden bemüht, nach vorne kämpft man, seitwärts appelliert man an die Vernunft, und es finden Gespräche statt.

Solche Gesprächsversuche bleiben solange nutzlos, als nicht beide Parteien das gleiche Ziel ins Auge fassen: Den Konflikt durch eine Vereinbarung zu beenden, die Dauerhaftigkeit verspricht. Diese Dauerhaftigkeit kann nur unter fünf Bedingungen eintreten:

- Jede Seite glaubt der anderen (bis zu einem gewissen Maß), dass der Konflikt wirklich beendet werden und die Verhandlungen nicht nur der Gewinnung taktischer Vorteile dienen soll.
- Der Stil, in dem die Verhandlung geführt wird, reißt keine neuen Konflikte auf.
- der Inhalt der Vereinbarungen erfüllt das Minimum dessen, was jede Seite sich vorstellt.
- Der Vereinbarung gelingt es, auch die hinter dem Konflikt stehenden Rang- und Machtfragen neu zu ordnen oder zu bestätigen.
- Die Vereinbarung muss die Parteien auch emotional zufrieden stellen.

Machiavelli schildert uns dazu den Dialog römischer Senatoren mit Abgesandten der Stadt Privernum, die die Römer niedergeworfen hatten.[130]

Die Römer: „Welche Strafe habt Ihr Bürger von Privernum wohl verdient?"
Die Abgesandten: „Die Strafe, die Männer verdienen, die sich der Freiheit würdig fühlen."
Die Römer: „Wie, wenn wir Euch die Strafe erlassen, welchen Frieden mit Euch haben wir dann zu erwarten?"
Die Abgesandten: „Wenn Ihr uns einen guten gebt, einen zuverlässigen und beständigen; wenn Ihr einen schlechten gebt, einen kurzen."

Im Versailler Friedensvertrag sind alle diese fünf Prinzipien in gröbster Weise verletzt worden. Das hat auch gut meinende und konservative Leute veranlasst, radikale Parteien zu unterstützen, die diesen Vertrag zerrissen sehen wollten. Für Joachim Fest war die Schilderung seines Vaters über den Stil der Verhandlung so unvergesslich, dass er sie in seine Memoiren aufgenommen hat: Die deutsche Delegation musste durch den Dienstboteneingang das Verhandlungszimmer betreten. Auf dem Weg dorthin waren schwer gesichtsverletzte französische Soldaten auf Stühle gesetzt worden, um der Delegation das Ausmaß ihres Verbrechens vor Augen zu führen.[131]

Ganz anders der Abschluss des Zweiten Weltkrieges in Potsdam: Hier hat man ohne förmlichen Vertrag alle Bedingungen eingehalten, die zu einem stabilen Frieden führen konnten. Das zeigt: Man kann den Krieg auch ohne Friedensverhandlungen beenden, wenn nur beide Seiten den Konflikt auf faire Weise einstellen und gleichzeitig die Machtfragen geklärt werden.

Wer sich in eine Verhandlung begibt, muss sich darüber klar sein, dass er jetzt an einem sozialen Ritual teilnimmt, dass eigenen Gesetzen folgt, die ihm vielleicht nicht passen werden. Man muss sich beispielsweise am Anfang begrüßen, und wenn man dazu keine Lust hat, ist das schon der nächste Konflikt. Man sitzt Menschen gegenüber, die man auf den Tod nicht leiden kann, und soll trotzdem mit ihnen reden. Man trifft auf Anwälte, deren Umgangsformen noch schlechter als die ihrer Mandanten sind, oder auf andere, deren Unzuverlässigkeit man schon längst kennt. Bei all dem soll man höflich sein, um weder das eigene Gesicht zu verlieren noch das des Gegners zu verletzen, wobei man von Anfang an weiß, dass man faule Kompromisse machen soll, die ohnehin bald gebrochen werden.

In so einer Grundstimmung kann man keine erfolgreiche Verhandlung führen. Wer trotzdem dazu gedrängt wird, kann eine einfache Lösung wählen: Er geht selbst nicht hin, hält sich aus der Sache heraus, gibt seinen Anwälten und Bevollmächtigten alles an die Hand, was sie brauchen (auch Geld) und lässt sich in Sri Lanka massieren, während die anderen sich ärgern lassen müssen. Dafür werden sie aber immerhin bezahlt.

Eine Verhandlung ist etwas völlig anderes als eine Unterhaltung oder ein Gespräch. Sie muss ein *Ziel* haben, nämlich den Abschluss einer bindenden und dauerhaften Vereinbarung – oder eben die absolute Gewissheit, dass das nicht erreichbar ist. Eine richtige Verhandlung durchläuft daher sechs Stadien:[132]

– Informieren.
– Strukturieren.
– Detaillieren.
– Dokumentieren.
– Bewerten.
– Entscheiden.

„Wer will, dass ihm andere sagen, was sie wissen, muss ihnen sagen, was er weiß: Denn das beste Mittel, Nachrichten zu erhalten, ist es, Nachrichten zu geben!"[133]

Die Information ist bei Verhandlungen der wichtigste Handelsgegenstand. Schon der Stil, in dem die Verhandlung geführt wird, ist für sich genommen eine Information: *„Die Gesinnung der Menschen erkennt man auch an den kleinen Dingen."*[134]

Struktur erhält die Verhandlung durch Tagesordnungen und Aufgabenkataloge, detailliert wird sie durch viele Fachleute, Berater und Hilfskräfte, die hinter den Verhandelnden tätig sind, dokumentiert wird durch Protokolle, deren Abstimmung auch in das Reich der Machtspiele gehört, und die Summe der Ergebnisse wird von jeder Seite einzeln auch im Hinblick darauf bewertet, was sie über die Bewertung der anderen Seite denkt.

Am Ende muss jeder für sich entscheiden. Nur wenn man so vorgeht, kann man klarstellen, was beiderseits gewollt oder nicht gewollt wird, kann Missverständnisse aufklären, Stil und Stimmung hochhalten, Alternativen entwickeln und sich so auch beim Abbruch der Verhandlungen die Gewissheit erarbeiten, dass das Fortführen des Krieges vielleicht besser ist, als am Verhandlungstisch zu sitzen.

Macht und Ohnmacht

Es ist ganz unvermeidlich, dass die Machtverhältnisse zwischen zwei verhandelnden Parteien unterschiedlich sind. Selbst wenn zwei mächtige Konzerne sich gegenüber sitzen, werden sie doch oft ein unterschiedliches Informationsniveau haben. Aber auch die Unterschiede in der Persönlichkeit der Verhandlungsführer können viel wiegen. Manche Unterschiede hält man für irrelevant, wie etwa den Verhandlungsort, die Sitzordnung, die Verhandlungssprache, die Verpflegung oder andere Organisationsbedingungen.

Tatsächlich können sie von ausschlaggebender Bedeutung werden. Wer als Moslem abends einen Tee trinkt, während um ihn herum der Rest der Delegation sich zielbewusst auf 1,3 Promille zu bewegt, wird das nicht lustig finden. Und wenn man zwei Tage lang mit der Tür im Rücken sitzen muss, stört das die Konzentration ganz erheblich. Viele dieser kleinen Stil- und Organisationsfragen summieren sich auf einem unsichtbaren Konto von Macht und Ohnmacht und relativieren damit die Ausgangsverhältnisse.[135]

Hinzu kommt: Je größer ein Unternehmen ist, umso schwerer fällt es ihm, seine Wirkungen auf einen Punkt zu bringen, denn mit einem Mehlsack kann man keinen Nagel in die Wand schlagen. Die Verhandlung aber ist der Punkt, an dem die Kräfte zusammenlaufen, und hier haben die nach außen hin kleineren oder schwächeren, dafür aber beweglicheren Verhandlungspartner häufig ihre entscheidende Chance.

Die Entscheider gehören an den Verhandlungstisch

Wer in eine Verhandlung geht, ohne zu wissen, wer auf der Gegenseite teilnehmen wird, hat den ersten schweren Planungsfehler begangen. Man muss die Person und deren Rang kennen, der man gegenüber sitzt, weil man sonst nicht richtig reagieren kann. Außerdem muss man klären, ob der entscheidende Teilnehmer (der den Vertrag unterschreiben kann) selbst mitverhandelt. Tut er das nicht, dann spricht man vielleicht tagelang über kleinste Konzessionen, die am Ende doch nicht genehmigt werden. Selbst wenn man Vorständen gegenüber sitzt, so werden vielleicht nicht alle Zugeständnisse durch den Aufsichtsrat genehmigt. Deshalb kann es unumgänglich werden, dass man die entscheidenden Personen wenigstens telefonisch erreichen kann, um Zwischenergebnisse abzuklären etc.

Durch die Verhandlung kommen die Beteiligten – auch bei Telefon- oder Videokonferenzen – näher miteinander in Kontakt als bisher. Vor allem tauchen neue Gesichter auf. Dadurch dürfen nicht noch zusätzliche Missverständnisse entstehen, so z. B. durch ungenaue Übersetzungen, problematische Körpersprache und Ähnliches. Die nachfolgende Regel hat Christoph Zahrnt aufgestellt:

- „Gedacht ist noch nicht gesagt.
- Gesagt ist noch nicht gehört.
- Gehört ist noch nicht verstanden.
- Verstanden heißt noch nicht einverstanden.
- Einverstanden bedeutet noch nicht angewandt.
- Angewandt heißt noch nicht erfolgreich angewandt."

Zuhören

Wer gut zuhören kann, leistet den wesentlichsten Beitrag zu einer gut verlaufenden Verhandlung. Dazu muss man es fertig bringen, sich jeden Unsinn ruhig anzuhören und dabei ein interessiertes Gesicht zu machen. Hier können wir von Angela Merkel lernen.

Fragwürdige Ausführungen lassen einem sofort die eigenen – natürlich besseren – Argumente in den Kopf und ins Blut schießen. Wer es fertig bringt, jetzt den anderen nicht zu unterbrechen, sondern tief durchzuatmen, hat einen weiteren wichtigen Schritt auf die Erleuchtung hin getan. In den öffentlichen Talkshows kann ich die unfassbar stereotype Bemerkung: *„Lassen Sie mich ausreden – ich habe Sie auch ausreden lassen!"* wirklich nicht mehr hören. Ich würde es gern einmal erleben, dass in so einer Talkrunde das erste Statement ohne jede Unterbrechung bis zum Ende der Sendezeit dauert und keiner widerspricht, sondern alle anderen nur mit einem gemurmelten *„Grober Unfug"* wieder nach Hause gehen. Kaum einer würde den Sprechenden für den Gewinner dieser Diskussion halten.

Argumente sind Geräusche – aber sie können Gefühle ändern

Viele halten Argumente für bloße Geräusche[136], die aber im sozialen Ritual des Geredes unverzichtbar sind. Daran ist soviel richtig: Argumente hinterlassen stets eine weiße Fläche des Nichtgesagten (aber Gefühlten und/oder Gedachten), den „unmarkierten Raum" (George Spencer Brown), eine Fläche, die man nur ausfüllen kann, wenn man das bisher Nichtgesagte zur Sprache bringt. Dabei kann man – vor allem unter Stress – erhebliche Fehler machen. Jedes Argument deckt auch die eigenen Karten auf. Wortkarge Verhandler sind deshalb stets auf der sicheren Seite. Man kann aber nicht immer wortkarg bleiben, und deshalb muss man trainieren, wie man richtig argumentiert.[137]

Dabei geht es vor allem darum zu lernen, wie man es aushält, sich die Argumente anderer Leute anzuhören (obwohl sie so offensichtlich unsinnig sind).[138] Niemand kann sich dagegen wehren, über eine kleine Einbruchstelle in seinen Gefühlen berührt zu werden. Dies geschieht durch Argumente, die nicht nur auf den Verstand, sondern auch auf die Emotionen wirken. Wenn etwa in Bertolt Brechts Drama „Der kaukasische Kreidekreis" der Richter die Mutter des Kindes auffordert, es zu zerreißen, um eine formal gerechte – das Kind aber halbierende – Lösung herbeizuführen, dann schlägt das Argument in eine emotionale Berührung um und die Situation verändert sich. Man erlebt auch am Verhandlungstisch solche Szenen. Die Kunst des Verhandelns besteht deshalb darin, im Sprechen und Verhalten die Argumente und Gefühle *gleichzeitig* anzusprechen.

Drehbücher

Der Erfolg einer Verhandlung tritt umso wahrscheinlicher ein, je besser sie geplant ist: *„Die Menschen gehen langsam zu Werke, wenn sie Zeit zu haben glauben, und rasch, wenn die Not sie treibt."*[139]

Werden Verhandlungen überhastet angesetzt, mit zu engem Zeitrahmen ausgestattet oder mit anderen Mitteln unter Druck gebracht, wird meist nichts Vernünftiges dabei herauskommen. Denn auch ungeplante Verhandlungen unterliegen bestimmten typischen Drehbüchern, und wer keine Zeit hat, sich das richtige Drehbuch zu schreiben, gerät notwendig ins Hintertreffen.

Das Drehbuch des Basarhandels ist allerdings so bekannt, dass es keiner Vorbereitung bedarf. Im Gebrauchtwagenhandel, bei Ebay oder auf dem Touristenbasar in Marokko zahlt man nicht das, was verlangt wird, sondern nähert sich in teilweise beleidigenden Sprüngen einem rechnerischen Mittelwert, der sich am Ende oft immer noch als ein Höchstpreis herausstellt.

Basarhandel findet entweder statt, wenn es ein erhebliches Informationsgefälle zwischen den Parteien gibt, oder wenn beide Parteien den Preis genau kennen, aber auf das soziale Ritual des Verhandelns nicht verzichten können. Wer zu wenige Informationen hat, dem muss man davon abraten, im anderen Fall kann man sich an dem Spiel beteiligen.

Machtstrategien

Ein anderes allgemein anerkanntes, wenn auch zynisches Drehbuch hat Machiavelli aus seiner politischen Erfahrung geschrieben: *„Man darf nie seine Absicht zeigen, sondern muss zunächst mit allen Mitteln seinen Wunsch zu erreichen suchen."*[140]

Den Mächtigen braucht man diesen Rat nicht zu geben, denn ihre Absichten liegen auf der Hand. Wie stets denkt Machiavelli aber aus der Situation des Unterlegenen, der seine Haut retten muss. Da ist er gut beraten, sich in die Perspektive seines Gegners hineinzuversetzen, dessen Macht und Möglichkeiten realistisch einzuschätzen und zu sehen, was er dagegen tun kann. *„In dieser Welt ist es von großer Bedeutung, sich selbst zu kennen und die Stärken seines Geistes und seiner eigenen Situation einschätzen zu können; wer sich zum Krieg nicht geeignet weiß, muss sich der Kunst des Friedens befleißigen, um zu herrschen."*[141]

Wer sich selbst richtig einschätzen kann, weiß, ob er in einer bestimmten Situation der Überlegene ist. Dann kann er sich verhalten wie ein *Löwe,*[142] ist er es hingegen nicht, dann eher wie ein Fuchs: *„Die, welche nur den Löwen zum Vorbild nehmen, verstehen es nicht. Ein kluger Herrscher kann und soll daher sein Wort nicht halten, wenn ihm dies zum Schaden gereicht und die Gründe, aus denen er es gab, hinfällig geworden sind."*

Dieser Satz ist vielfältig angegriffen worden. Sieht man ihn aus der Sicht eines florentinischen Diplomaten, einer Republik, die viele mächtige Gegner hatte, so wird man feststellen, dass es keine gesetzlichen Regelungen für das Verhalten zwischen souveränen Republiken, Fürstentümern etc. gab. Damit war das Verhalten der Republik nur an moralischen Kriterien zu messen. Solange die Republik mächtig war, sollte sie sich wie ein Löwe verhalten, war sie es aber nicht, dann befand sie sich in Schwierigkeiten, vielleicht sogar in Notwehr. Machen wir das heute nicht genauso? Und gelten – jedenfalls unter Notwehrbedingungen – nicht die gleichen Regeln wie damals?

Es gibt allerdings Situationen, in denen die Macht ungebrochen agiert, aber sich nicht so bewegen kann, wie sie will. Auch den Stier können die Stechfliegen rasend machen. In einer solchen Situation befanden sich die USA 1979, als aufgehetzte Ayatollah-Truppen die amerikanische Botschaft stürmten und die Diplomaten verschleppten. Wie reagiert man auf ein solches Ereignis, wenn man die nahe liegende Idee, Teheran zu bombardieren, nicht fassen will? Roger Fisher, William Ury und Bruce Patton, Professoren der Harvard University, erhielten diese Frage vorgelegt und beantworteten sie mit einem Drehbuch, das seither weltbekannt geworden ist.[143] Im Unterschied zum Basarhandel oder den einfachen Machtstrategien empfiehlt das Harvard-Konzept fünf Schritte, die die Verhandlung strukturieren und das Finden von möglichen Ergebnissen erleichtern:

1. **Behandle Personen und deren Interessen getrennt:** Auch wenn Du Dich über einen hektischen, arroganten und schlecht vorbereiteten Gesprächspartner ärgerst, lass diesen Ärger nicht auf die Bewertung seiner Interessen durchschlagen.
2. **Vermeide Darstellungen Deiner Position, erkunde stattdessen die Interessen der anderen:** Seine eigene Position kennt man, und der andere kennt sie wahrscheinlich auch. Ob man aber wirklich verstanden hat, aus welcher Perspektive die andere Seite denkt und fühlt, ist unsi-

cher, und das muss man aufklären (Wechsel der Perspektiven)!

3. **Entwickle Phantasien und Optionen, die für beide Seiten interessant sein können:** Vielleicht sollten zwei Diebe sich nicht um die Beute streiten, sondern eher einen neuen gemeinsamen Diebeszug verabreden?
4. **Wenn man sich** über Tatsachen oder Interessen **nicht einigen kann,** wissen vielleicht **Dritte** einen **Maßstab,** an dem man sich orientiert (z. B. Preisfindung durch einen Sachverständigen).
5. Zu jedem denkbaren Verhandlungsergebnis kann es auch eine **bessere Alternative** geben – wenn Du sie findest, mach davon Gebrauch.

Ich habe bei dem dritten Schritt bewusst ein Beispiel gewählt, das zeigt, dass auch das Harvard-Konzept genauso wenig wie Machiavellis Ideen an moralischen Kategorien ansetzt. Sie sind beide ergebnisorientierte, an der Erfahrung satt gemachte Systeme, denen nur an einem gelegen ist: Der Krieg muss beendet werden!

Die tragende Idee des Harvard-Konzepts ist es, beiden Parteien zu ermöglichen, das Misstrauen (jedenfalls begrenzt) durch Vertrauen zu ersetzen.[144] Wer allerdings in einer absolut unterlegenen Position ist – was seltener vorkommt, als man denkt –, wird im Harvard-Konzept wenig Unterstützung finden, denn gegen die absolute Verneinung, die Willkür usw. kann es wenig ausrichten. Ob das aber so ist, wird man nie im Vorhinein wissen, sondern kann es nur durch die Verhandlung selbst in Erfahrung bringen.

Der erfolgreichste Weg in der Verhandlung ist deshalb folgender: Man schreibt sich sein eigenes Drehbuch, individuell zugeschnitten auf die eigene Persönlichkeit und seine Möglichkeiten, und verwendet die Ideen des Basarhandels, der Machtstrategien und des ergebnisorientierten Verhandelns so, dass ein schlüssiges Konzept daraus wird.

Gefühlsstrategien

Gefühle und Strategien scheinen sich völlig zu widersprechen. Gefühle kann man nicht planen. Aber man kann Situationen planen, in denen sie wie im Gewächshaus gedeihen können.

Wer sein Drehbuch schreibt, ist gut beraten, dabei auch seine Gefühle mit ins Spiel zu bringen, denn ein unfaires Ergebnis wird man auch selbst nicht akzeptieren können. Es gibt Leute, die ganz naiv ihren Zorn oder Unmut zum Ausdruck bringen, während andere so gehemmt sind, dass sie es regelrecht lernen müssen, sich in einer aufgeheizten Verhandlungssituation gehen zu lassen. Auch wenn es stets eine gefährliche Strategie ist: Wenn man seine Gefühle bewusst anheizt, zieht man sich manchmal wie Münchhausen mit dem eigenen Zopf aus dem Sumpf der Entschlusslosigkeit.

Wie wir oben gesehen haben, kann man über Argumente in die Gefühlswelt der anderen nur dann eindringen, wenn sie die Gefühle verändern: *„Gewonnen werden Verhandlungen in der Regel durch Ideen zur Belohnung oder Bestrafung des Gegners, weniger durch das, was am Verhandlungstisch ge-*

 schieht.“[145] Diese Beobachtung ist jüngst durch Forschungen der Oxford University belegt worden. Eine Forschungsreihe von Edmund Rolls ergab, dass Emotionen mit Sicherheit durch Lohn und Strafe verändert werden können – wobei bereits die Vorstellung von beidem von Einfluss ist.[146] (Auch hier wirken wohl die geheimnisvollen Spiegelneuronen, die wir schon kennen gelernt haben.)

Neben dem Harvard-Konzept hat sich noch eine Vielzahl anderer Konzepte etabliert, die sich mit dem ergebnisorientierten Verhandeln beschäftigen.[147] All diese Konzepte müssen immer wieder dem Vorwurf begegnen, sie würden von Leuten bevorzugt, die nicht wirklich kämpfen könnten, den starken Wunsch verspürten, von ihren Gegnern betrogen zu werden, oder nicht die Macht hätten, um ihre Interessen mit entsprechenden Strategien durchzusetzen.

Tatsächlich muss man beim ergebnisorientierten Verhandeln unglaublich aufpassen, dass man nicht in eine seichte Stimmung gerät, die die andere Seite ausnutzen kann. Es müssen schon die Kanten sichtbar werden, und man muss vor allem dafür sorgen, dass auch ein Mächtigerer Furcht vor dem haben muss, was man selbst tun kann: *„Da die Liebe der Menschen von ihrem Gutdünken, ihre Furcht aber vom Benehmen des Fürsten abhängt, so muss ein weiser Fürst sich auf das verlassen, was von ihm abhängt, und nicht auf das, was von den anderen abhängt, und nur darauf achten, dass er nicht gehasst werde.“*[148] Furcht ist etwas anderes als Hass. Den Hass muss man meiden, weil er irrational ist, hinter der Furcht steht immer eine konkrete Möglichkeit, die man gegebenenfalls ausnutzen kann.

Der Erfolg einer Verhandlung hängt wesentlich davon ab, dass ihr Stil und ihr Inhalt geeignet sind, die Möglichkeiten einer Einigung zu vergrößern. Je vielfältiger nämlich die Ideen sind, die zur Lösung des Konflikts beitragen sollen, umso höher ist die Wahrscheinlichkeit, dass es eine Einigung gibt: Die Komplexität der Ideen muss mindestens so hoch sein wie die Komplexität der Probleme, die sie lösen sollen.

Diese Regel (Ashby's Law) hat einer der ersten Systemtheoretiker, William Ross Ashby (1903–1972), aufgestellt. Dietrich Dörner hat mit einer Vielzahl computergesteuerter Experimente belegt, dass dieser Satz richtig ist, und so gezeigt, dass man das Verhalten komplexer Systeme (hier: die Verhandlungen) *„mit einer Vielzahl kleiner Eingriffe steuern"* muss.[149] Das war auch Machiavellis Ansicht: *„Wenn man eine Mauer, die von allen Seiten einzustürzen droht, stützen will, so empfiehlt es sich, viele – wenn auch schwache – Stützen zu errichten, als sich mit wenigen stärkeren zu begnügen."*[150]

Heinz von Foerster hat für Verhandlungen daraus abgeleitet, dass jede Maßnahme die Möglichkeiten vergrößern muss und nicht einengen darf. Wer über den Verhandlungsstil der anderen Seite so erzürnt ist, dass er den Verhandlungstisch verlässt, engt sie ein, wer durchhält und am Ende gleichwohl ohne Ergebnis heimkommt, hat sie allein deshalb vergrößert, weil die Verhandlung selbst ihm viele Informationen über die andere Seite geliefert hat, die nur so zu gewinnen waren. Darin steckt allerdings die Gefahr, dass man auf einmal sieht, in welchen Punkten auch die anderen Recht haben können, und das verunsichert und schwächt die eigene Position.

Werkzeuge der Verhandlungsführung

Das wichtigste Werkzeug der Verhandlungsführung besteht deshalb in der Fähigkeit, die vielen stets wechselnden Situationen aufmerksam zu beobachten und mit vielen kleinen Eingriffen zu steuern. Das beginnt mit der Vereinbarung von organisatorischen Details wie Ort, Zeit, Raum und Tagesordnung und in der dauernden Bereitschaft, Fragen zu stellen, festzustellen, wo es Differenzen gibt, und Forderungen erst zu erheben, wenn alle Tatsachen geklärt und alle Meinungen auf den Tisch gelegt sind.

All das gelingt einfacher, wenn Konferenzen eine geschützte Atmosphäre haben, wie dies etwa bei der Papstwahl durch das Konklave gewährleistet wird: Alle Entscheidungsträger sind unter sich und dürfen nicht von Dritten beeinflusst werden, sie müssen ihre eigenen Interessen zur Sprache bringen. Verhandlungen gelingen am besten, wenn eine Atmosphäre entsteht, die es erlaubt, gemeinsam nach Lösungen zu suchen. Die Japaner nennen das „die Wurzeln freilegen“ (nemawashi).

Wenn man Verständnis für die eigene Position wecken will, ist es nicht nützlich, mit einem Statement zu beginnen, das die eigenen Forderungen enthält, besser ist die – sprachlich möglichst neutrale – Formulierung der Verhandlungsthemen und die Visualisierung von Beziehungen durch Charts oder Mindmaps. Auch sollte man aufmerksam darauf achten, wann Unterbrechungen erforderlich sind, damit die Parteien sich intern beraten oder eine Zustimmung von außen einholen können.

An viele Verhandlungen schließt sich abends irgendeine Art Entertainment an, das nicht nur aus Dinner, Barbesuch und Karaoke, sondern auch aus gröberen Lustbarkeiten bestehen mag, wenn der jeweilige kulturelle Hintergrund das vorschreibt. Es kann im Einzelfall schwierig werden, sich dabei richtig zu verhalten. Trostreich sagt allerdings Machiavelli: *„Wer tagsüber für vernünftig gehalten wird, wird nachts niemals für einen Toren gehalten."*[151]

Stil und Respekt

Die unzähligen diplomatischen Missionen, in denen Machiavelli unterwegs war, haben ihm ebenso wie jedem modernen Diplomaten gezeigt, dass der Stil der Auseinandersetzung ihren Inhalt wesentlich beeinflusst. Wie wir im dritten Kapitel gesehen haben, wird diese Erfahrung auch durch die modernen neurobiologischen Erkenntnisse unterstützt: *„Die Menschen urteilen insgesamt mehr nach den Augen als nach der Wirklichkeit, denn sehen können alle, aber nur wenige haben Gelegenheit zu berühren."*[152]

Diese äußeren Eindrücke haben einen viel stärkeren Einfluss (circa 80 Prozent) auf den Gang der Verhandlungen als der Inhalt vorgetragener Argumente (nur circa 20 Prozent). Das hat eine Studie der Unternehmensberatung McKinsey aus dem Jahr 1999 belegt.[153] In deren Rahmen wurden Manager aus mehreren europäischen Ländern danach gefragt, wie sie ihre jeweiligen Verhandlungspartner aus anderen Ländern erleben. Alle deutschen Verhandlungspartner wurden als fordernd, arrogant und wenig konzessionsbereit erlebt, manche ihrer Argumente – vor allem wenn sie als Einkäufer größerer Konzerne auftraten – als „absurd" bezeichnet. Umgekehrt hielten die deutschen Verhandlungspartner die Engländer und Holländer für besonders angenehm. Beide Nationen sind für ihr pragmatisches Auftreten und für die Fähigkeit nach dem Suchen konkreter Ergebnisse berühmt. Während Südeuropäer und Franzosen eher dem Statusdenken zuneigen, also in ihren Rollen anerkannt und gesehen werden wollen, ist das bei Skandinaviern anders. Wir Deutschen ähneln also eher Franzosen, Italienern und Spaniern – ein Ergebnis, das überraschen mag.

Das wichtigste Mittel, um Stilverletzungen zu vermeiden, ist es, konsequent auf „Ich-Botschaften" zu setzen. Wer einem anderen sagt: *„Sie drücken sich unklar aus"*, mag inhaltlich dasselbe meinen wie: *„Ich habe Sie leider noch nicht richtig verstanden"*. Aber das erste ist eine Respektverletzung, das zweite hingegen eine offenbar erkennbare Höflichkeit, die den Selbstwert keinesfalls infrage stellt. Dabei kann man sich an eine einfache Regel halten: In allem, was man tut, muss der Respekt vor den anderen sichtbar werden, und zwar auch dann, wenn sie offenbar keinen Respekt verdienen. Wer diese innere Ruhe nicht aufbringt, wird in der Verhandlung nicht weit kommen.[154]

Respekt bedeutet keinesfalls, dass man sich einigen muss. Er ist aber die Voraussetzung dafür, dass man verstehen kann, warum eine Einigung nicht möglich ist. Wer gewöhnt ist, anderen Respekt zu zeigen, hat ihn auch vor sich selbst und wird sich nicht in ungeeigneter Form anbiedern, selbst demütigen oder herumschleimen.

Häufig findet man die Frage diskutiert, ob man in Verhandlungen eher misstrauisch sein soll oder dem vertrauen soll, was die anderen sagen. Darauf gibt es keine allgemeingültige Antwort. Der einfachste Weg ist es, was immer gesagt wird, auf seine Richtigkeit zu überprüfen. Man muss sich, wie Machiavelli oben rät, die *„Gelegenheit (schaffen) zu berühren“*. Dann wird man eher die richtigen Entscheidungen treffen.

Aspekte des Sprechens

Gute Planung, richtiger Stil, Vertrauen auf Erfahrung und hinreichende Kontrolle sind die wesentlichen Faktoren, die in der Verhandlung den Ausschlag geben. Das Sprechen – dem landläufig die wichtigste Rolle zugeschrieben wird – ist nicht so wesentlich. Wohl aber sollte man wissen, dass Sprechen immer vier Aspekte hat:

- Herstellung des Kontaktes zu anderen,
- Vermittlung von Tatsachen,
- Beschreibung von Meinungen,
- Appelle an das Gefühl.

 Wir agieren zwischen diesen Aspekten meist gesteuert vom Unterbewusstsein und setzen sie selten gezielt ein. Ist man sich aber über diese verschiedenen Funktionen im Klaren, dann kann man zum Beispiel das jahrelange „Njet" der Russen in den Konferenzen des kalten Krieges besser verstehen. Wer dieses *„nein"* als *„ich will nicht"* interpretiert, nimmt es dem Sprecher vielleicht übel. Der aber meinte nur: *„Ich kann nicht."* Genauso fehlinterpretiert wird das ständige Nicken asiatischer Delegationen zu allem, was man sagt. Wer darin liest *„Ich akzeptiere das"*, statt wie richtig *„Ich habe Dich akustisch verstanden"*, zieht mit Sicherheit die falschen Schlüsse.

Schwierigkeiten in Gruppen

Viele Verhandlungen finden in Gruppen statt. Man verhandelt entweder selbst im Team oder findet sich gar als einzelner Verhandler einem anderen Team gegenüber.

In solchen Situationen muss man erst mit den Gefühlen fertig werden, die die Gruppensituation hervorruft. Europäische Teams machen dabei oft den Fehler, dass jeder Fachmann oder Spezialist seine Sicht der Dinge vorträgt, ohne das zuvor intern abgestimmt zu haben. In asiatischen Teams hingegen sitzen zwar viele Leute am Tisch, aber nur einer ergreift das Wort – meist nicht der Höchstrangige! Worin liegen die Unterschiede?

Innerhalb einer Gruppe kann es nicht ausbleiben, dass unterschiedliche Ansichten über Inhalte bestehen, und wenn man jeden sprechen lässt, dann werden diese Unterschiede für die andere Seite sofort erkennbar und schwächen die eigene Position. Außerdem hat jeder seinen eigenen Stil, und vor allem technische Fachleute, die dem wenig Bedeutung beimessen, begehen einen Regelverstoß nach dem anderen. Die meisten sind eben nicht als Diplomaten geboren und können die Wirkung ihres Verhaltens schlecht abschätzen.

Man muss also zunächst einmal dafür sorgen, dass *„immer nur einer an der Spitze des Heeres steht, nie viele. (...) Es ist besser, einen Mann von durchschnittlicher Begabung mit der Durchführung eines Unternehmens zu beauftragen, als zwei ganz hervorragende Männer, die beide die gleichen Befugnisse haben.“*[155]

Der Verhandlungsführer hat die Aufgabe, die internen Spannungen so aufzufangen, dass sie nicht nach außen dringen. Tauchen solche Spannungen plötzlich auf, muss die Verhandlung unter allen Umständen unterbrochen und innerhalb einer Auszeit geklärt werden.

Ich hatte das in einer schwierigen Situation einmal vergessen, als es um eine komplizierte Rechtsfrage ging, bei der die Antwort für unser Verhandlungsteam leider sehr ungünstig ausfiel. Wir hatten vorher intern lange darüber gesprochen, unser Verhalten aber nicht abgestimmt. Als nun die Gegenseite diesen kritischen Punkt diskutierte und auf die Schwäche unserer Position hinwies, griff mein Mandant das Thema auf und sprach mich vor aller Augen direkt an: *„Aber das kann doch gar nicht wahr sein!“*, offenbar in der Erwartung, dass ich unsere unhaltbare Position nun offen verteidigen würde. Stattdessen bin ich entgleist: *„Doch! Seit drei Monaten rede ich von nichts anderem!“*, sagte ich aufgebracht und merkte, wie mein Mandant blass wurde wie die Wand.

 Erst dann haben wir unsere Auszeit genommen, aber nichts mehr reparieren können. Es gibt eben immer Situationen, in denen man gar keine Zeit mehr hat, tief durchzuatmen – und dazu braucht man die Unterbrechung!

Ganz ähnliche Probleme können auftreten, wenn ein Team sich in der Vorbesprechung die eigenen Chancen schön redet und die der anderen mutwillig in die Ecke drückt. Leichter als ein Einzelner manövriert sich ein Team in ganz unhaltbare Positionen. Bei einer Fußball- oder Eishockeymannschaft ist es sogar nötig, sich auf dem Spielfeld ständig gegenseitig auf die Schulter zu klopfen und zu versichern, wie großartig man ist, auch wenn man viele Punkte zurückliegt. Die tatsächlichen Entwicklungen auf dem Schlachtfeld der Verhandlungen bringen eine solche Fata Morgana aber schnell zum Verschwinden: *„Dazu kommt noch der Wankelmut des Volkes, welches sich leicht etwas einreden lässt, aber schwer dabei festzuhalten ist.“*[156]

Man sollte sich in einer Gruppe die Situation weder schön noch schlecht reden, sondern besser daran arbeiten, eine gemeinsame Strategie zu entwickeln, die Erfolg verspricht, auch wenn man selbst die eigenen Ideen nicht ganz durchsetzen kann.

Schwierige Verhandlungssituationen

Niemand kann vermeiden, in Verhandlungen in schweres Fahrwasser zu geraten. Man findet ungeeignete Verhandlungsräume, es wird ständig unterbrochen und die Organisation stimmt hinten und vorne nicht, die Tagesordnung fehlt und die Beteiligten werden immer aggressiver und verlogener. Am Anfang versucht man es mit dem tiefen Durchatmen, dem sachlichen Beanstanden, man macht konstruktive Vorschläge und immer wieder stößt man auf Ablehnung. Soll man jetzt selbst anfangen, unfair zu agieren oder sarkastisch zu werden? Soll man differenzierte Verhaltensvorschriften für alle denkbaren Fälle entwerfen, planen und ausprobieren? Die Erfahrung zeigt, dass all das wenig hilft. Gleichwohl gibt es ein sicheres Mittel, um aus solchen Fallen herauszukommen: das Schweigen!

Schweigen heißt hier: Aktiv schweigen, also nichts mehr sagen, aber durch Körpersprache und Blick signalisieren, dass man total wach ist. Regelmäßig geht diesem Schweigen irgendeine Provokation voraus, die von der anderen Seite ausgeht. Wird sie nicht provokativ erwidert, sondern wird aktiv geschwiegen, dauert eine solche Phase selten länger als ein paar Sekunden. In einem Extremfall habe ich einmal fast ein halbe Minute warten müssen, bis schließlich doch die unvermeidliche Frage kam: *„Wollen Sie dazu nicht Stellung nehmen?“*

Die Kunst besteht jetzt darin, diese Fragen nicht zu beantworten, sondern weiter aktiv zu schweigen. Denn jetzt muss irgendwann einmal die direkte Frage kommen, warum man schweige. Liegt diese Frage auf dem Tisch, hat man zwei Möglichkeiten: Entweder erklärt man, dass man sich durch die Provokation angegriffen fühlt (Ich-Botschaft!) und bittet um Aufklärung, ob das wohl ein Missverständnis gewesen sein könne.

Das ermöglicht der Gegenseite, sich ohne Gesichtsverlust aus der Situation zurückzuziehen und die ganze Sache für ein Missverständnis zu erklären, auch wenn alle am Tisch wissen, dass es eine Provokation war. Oder man übergeht die Situation, ohne sie weiter zu kommentieren, denn in den meisten Fällen merken die Menschen selbst, wenn sie sich im Ton vergriffen haben, können es aber auf den Tod nicht leiden, wenn sie das kommentieren müssen.

Kurz: Statt ohne jeden Erfolg in inhaltliche Auseinandersetzungen einzusteigen, befindet man sich auf einmal in einer Verfahrensdiskussion und folgt damit dem ehernen Grundsatz: „Wenn man sich über Inhalte nicht einigen kann, muss man über das Verfahren sprechen." Diese Verfahrensdiskussion kann man aber in schwierigen Verhandlungssituationen nicht immer selbst anstoßen. Überlässt man den Anstoß dazu der Gegenseite, hat man mehr Freiheiten für die eigenen Reaktionen. In aller Regel kann man dann gemeinsam eine Auszeit vereinbaren, was immer noch besser ist, als die Verhandlung einseitig abzubrechen.

Zusammengefasst gelten für schwierige Verhandlungssituationen folgende Regeln:

- Unterbrechen, um Zeit zu gewinnen.
- Die beste Alternative festlegen.
- Verhaltensänderungen durchdenken (Drohen/Irritieren/Vermittler bemühen/Tempo wechseln etc.).
- Auffangposition vorbereiten.

Fast in jedem Konflikt wird die Forderung, sich dem anderen zu beugen, mit Drohungen verknüpft und diese wiederum mit Gegendrohungen beantwortet. Und trotzdem ist gerade dieses Mittel oft wirkungslos und gefährlich: *„Ich halte es für einen der größten Beweise menschlicher Klugheit, sich in seinen Worten jeder Drohung (...) zu enthalten. (...) Drohungen {machen den Feind} nur vorsichtiger und (...) spornen ihn an, nachhaltiger auf Dein Verderben zu sinnen."*[157]

Drohungen enthüllen auch unvermeidlich die eigene Schwäche, denn wer droht, versucht, die Risiken des Angriffs zu vermeiden. Das ist ein auch biologisch tief verankertes Verhalten.[158] Leider enthüllt sich diese Strategie sofort, wenn man die Drohung – wie es regelmäßig geschieht – nicht sofort wahr macht, sofern sie ignoriert wird. Wer einer Drohung ausgesetzt ist, muss sich als erstes fragen, ob seine eigenen Risiken bei Nachgiebigkeit höher ausfallen werden als bei Widerstand.

Leider sind wir in den kritischen Situationen, in denen Drohungen erfolgen, selten fähig, solche Rechenkunststücke anzustellen. Wir ärgern uns über die Drohung, weil sie immer auch eine Rangbehauptung enthält, hinter der eine Demütigung steckt. Wer sich unterwirft, hat damit auch die Rangfrage zu seinen Ungunsten beantwortet. Deshalb ist es der beste Rat, sich bevorstehenden Drohungen möglichst zu entziehen und, wenn sie erfolgen, wenigstens so zu tun, als habe man sie nicht verstanden.[159]

Eine gut geführte Verhandlung wird in ihrem letzten Teil durch die gemeinsame Arbeit der Beteiligten an der Bilanz der Zugeständnisse geprägt. Sie muss auf geeignete Weise allen vor Augen führen, wer welche Zugeständnisse machen will und welchen Wert er ihnen beimisst. In der Praxis kommt es sehr selten zu dieser gemeinsamen Arbeit, weil erfahrene Verhandler mit der Salami-Taktik versuchen, endgültige Zugeständnisse schon vor dem Ende der Verhandlung zu erreichen: Jeden Versuch, von solchen voreiligen Zugeständnissen wieder wegzukommen, muss man sich teuer erkaufen. Deshalb sollte man versuchen, Teilzugeständnisse in jeder Lage der Verhandlung zu vermeiden.

Das ist deshalb so schwierig, weil man zum einen nicht unhöflich sein will, zum anderen aber auch bestimmte Themenkomplexe abhandeln muss, um weiterzukommen. Allerdings sagt Machiavelli: *„Will man jemandem einen Gefallen erweisen, so ist es besser, ihn ohne Aufforderung zu tun.“*[160]

Bei der Verhandlung geht es aber nicht darum, jemandem zu gefallen, sondern die eigenen Interessen durchzusetzen. Freiwillige Vorleistungen müssen einen taktischen Zweck haben: In Asien dienen sie z. B. als versteckter Test, um herauszufinden, ob die andere Seite das Geschenk überhaupt wahrnimmt und mit geeigneten Gegengeschenken beantwortet. Bei uns wird diese Geste meist als Schwäche missverstanden. Wenn man sich nicht festlegen will, kann man das am einfachsten tun, wenn man mit dem Konjunktiv arbeitet *(„Das könnten wir uns vorstellen./Wenn unser Vorstand das genehmigt./Wenn Sie uns auf der Preisseite entgegenkommen./Das könnte der Deal-Maker werden …“).*

Diese Taktik geht aber nur dann auf, wenn man selbst von den anderen keine Teilzugeständnisse verlangt. Andernfalls wird man unglaubwürdig. Der ganze Verhandlungsaufwand der Diplomatie besteht im Grunde aus nichts anderem. Diplomaten sind es gewöhnt, Forderungen nur anzudeuten, sie gehen den sicheren Weg, um Respekt und Höflichkeit zu zeigen. Gleichzeitig testen sie damit aber auch die Intelligenz der anderen. Denn wenn die Andeutungen nicht verstanden werden, zeigt sich ein beschränkter Geist: „Ein gutes Pferd läuft schon unter dem Schatten der Peitsche“ (Buddha).

Strategien der Leere

Die Strategie der Leere heißt nicht, aufzugeben und sich dem zu fügen, was verlangt wird. Sie bedeutet nur, das Bewusstsein aufrechtzuerhalten, dass es (derzeit) keine Lösung gibt, und die daraus folgenden Konsequenzen zu tragen. („Was geschieht, wenn nichts geschieht?“) Vor allem dann, wenn man sich bemüht, vernünftig zu handeln, ist es sehr schwer, die Reaktionen dummer und böswilliger Leute auszuhalten. Da hilft es auch nichts, wenn man sich sagt, dass deren Strategien niemals aufgehen werden, denn *„die meisten sehen ihren Ruin vor Augen; aber sie gehen in ihn hinein“* (Leopold von Ranke).

Viele Verhandlungen scheitern aus den unterschiedlichsten Gründen, bevor es gelungen ist, die relevanten Tatsachen aufzuklären und ins Bewusstsein aller Beteiligten zu bringen. Oder es gelingt nicht einmal, die Bewertungsdifferenzen so herauszuarbeiten, dass man klar genug sieht, warum man gescheitert ist. Strategie ist aber immer *„ein System der Aushilfen“*,[161] sie ist *„die Kunst des Handelns unter dem Druck der schwierigsten Bedingungen“*, also nicht Theorie, nicht Wissenschaft, sondern Theorie der Praxis. Und wie es den Theorien häufig geht: Sie können nicht immer Erfolg haben. Sie scheitern nicht nur unter den äußeren Bedingungen, sondern vor allem dann, wenn die innere Kraft erlischt, weiterzuverhandeln, wenn das Gefühl der Sinnlosigkeit immer dichter wird. Die Wahrheit ist das, was wir in den Händen halten, wenn wir aufhören, nach ihr zu suchen. Diesen Zeitpunkt können wir oft nicht selbst bestimmen.

Referendarexamen

„Sie haben das Examen bestanden, Herr Kandidat. Ihre schriftliche Arbeit war leider nicht ausreichend. Ihr mündliches Examen war auch nicht genügend. Wir glauben jedoch kompensieren zu können. Grüßen Sie bitte Ihren Herrn Papa!“

IX.

DIE SECHSTE PHASE: SIEG, NIEDERLAGE UND KOMPROMISSE

Neue Rollen testen / Verfahrensregeln / Das Geheimnis der Vermittlung / Kommunikation wieder herstellen / Sieg oder Niederlage? / Sieg durch Verlust: Potlach und andere Kapitalvernichtungen / Der traurige Sieger / Arrogante Verlierer / Der Kampf der Generationen / Faule Kompromisse

Folgt auf eine Verhandlung nicht der Krieg, dann mit Sicherheit die Erschöpfungsphase, in der beide Seiten feststellen, dass sie sich verrannt haben und keinen Ausweg zu finden wissen.

Es kann aber auch anders kommen: *„Oft findet die Verzweiflung Mittel, auf die man durch die freie Willensentscheidung nicht kommt.“*[162] Dazu gehört auch die perverse Frage, was man wohl tun könne, um den Streit weiter anzuheizen. Vernünftige Leute überlegen dann beispielsweise, was sich ändern würde, wenn sie sich plötzlich unvernünftig verhalten und offen die Regeln brechen, denen sie sich bisher selbst unterworfen haben. Die Unnachgiebigkeit der anderen Seite mag ja darauf beruhen, dass sie noch nie erlebt haben, wie ein Vernünftiger Amok läuft.

Der Rat, sich aus der Erschöpfungsphase heraus eine völlig neue Rolle aufzubauen, gilt natürlich auch für die Unvernünftigen, die bisher nur ihren Gefühlen gefolgt sind und den Streit zur Selbstverwirklichung genutzt haben. Sie werden vielleicht Wege zum ergebnisorientierten Verhandeln finden, bereit sein, überall da wenigstens ein Verfahren zu akzeptieren, wo man noch keine Inhalte vereinbaren kann. Kurz: Sie werden sich um Kreativität statt um Destruktion bemühen.

Dazu muss man sich auch fragen, ob man *„den Dingen, die man nicht aufhalten kann (...) freien Weg lassen {muss}, wie es die Alten mit den Elefanten und den Sichelwägen taten...“*[163] *„... Denn wenn man etwas verliert, was man selbst preisgibt, so* *verliert man damit, vorausgesetzt, dass das Heer noch geschlossen steht, weder sein militärisches Ansehen noch die Hoffnung auf den Sieg. Verliert man aber etwas, was man halten wollte und von dem jedermann glaubt, dass man es verteidigen wird, dann ist dies schädlich und verlustreich.*"[164]

Vielleicht trifft man auf einen verständigen Gegner, der weiß, dass er sich selbst gefährdet, wenn er nicht kompromissbereit ist, und der erfahren hat, dass man *„mit strengem Eigennutz (...) weder im privaten noch im Geschäftsleben sehr weit {kommt}.*"[165] Umfangreiche Experimente auf der Basis der Spieltheorie (Gefangenendilemma) zeigen, dass die radikale Durchsetzung der eigenen Position langfristig schadet.

Verfahrensregeln

Allein an der Tatsache, dass es noch keine bindende Vereinbarung gibt, kann man ablesen, dass die Beteiligten die wirkliche Ursache des Konflikts – also den Kampf um die Machtdifferenz – noch nicht erkannt haben.

Jeder Beteiligte stellt sich die Lösung anders vor. Hier gilt zunächst die schon genannte eherne Regel:

Wenn man sich über Inhalte nicht einigen kann, sollte man sich wenigstens über das Verfahren einigen.

Ein solches Verfahren findet sich in der weiteren Regel, die sich zum Beispiel bei Erbstreitigkeiten bewährt hat:

Dabei geht man folgendermaßen vor: Man stellt eine Liste aller Gegenstände auf, die zu verteilen sind, und schreibt daneben für jede Partei, die darum streitet, den von ihr für richtig gehaltenen Wert. Dadurch wird schon einmal der Streit um die richtige Bewertung beendet, denn jeder hat davon meist unterschiedliche Vorstellungen. Danach wird durch Los eine der Parteien dazu bestimmt, diese Gegenstände in so viele Anteile aufzuteilen, wie es Parteien gibt. Ferner wird durch Los die Reihenfolge bestimmt, in der die anderen dann später wählen können.

In dieser Aufteilung zwischen Teilen und Wählen liegt die Intelligenz des Verfahrens. Wenn derjenige, der teilt, nur die Gegenstände, die ihm selbst wertvoll erscheinen, in ein Paket steckt, riskiert er, dass ein anderer diese Wahl akzeptiert und das Paket an sich nimmt, denn der, der teilt, hat stets das letzte Wahlrecht. Der Wählende hat also die Aufgabe, die Aufteilung so vorzunehmen, dass mit hoher Wahrscheinlichkeit auch für ihn als den Letzten ein gleichwertiger Anteil übrig bleibt. Darüber wird er mit allen anderen verhandeln, und zwar viel vernünftiger, als wenn er sich mit ihnen darüber streiten müsste.

Schade, dass es nur wenige gibt, die ein so vernünftiges Verfahren akzeptieren. Der Grund liegt in dem unstillbaren Bedürfnis, die anderen spüren zu lassen, wie mächtig man ist. Vielleicht gelingt es in der Phase der Erschöpfung, wenigstens über die gegenseitigen Vorstellungen zu sprechen und eine Erklärung für die Verletzungen zu finden, die man sich zufügt. Auch darin liegen die Chancen dieser Phase.

Das Geheimnis der Vermittlung

In den Streitkulturen Asiens ist der Weg über den Vermittler obligatorisch, bei uns vor allem beim Streit um Tarifverträge üblich. Auch Banken und Versicherungen setzen Ombudsleute ein, und bei den Amtsgerichten gibt es Schlichtungsstellen für kleinere Streitigkeiten.

Außerhalb solcher Standardsituationen ist es schwierig, einen geeigneten Vermittler zu finden. Man muss die richtige Person aussuchen, denn der Schlüssel zur Lösung eines Konflikts liegt immer in der Hand von Menschen und nicht von Ideen, Systemen, Geld oder Macht. Nur ein Vermittler, der von beiden Seiten akzeptiert wird, den beide Seiten in seinem Urteil schätzen, der die Fähigkeit bewiesen hat, die Perspektiven beider Seiten respektvoll wahrzunehmen, wird Erfolg haben können.

Welches Verfahren man dabei wählt, ist nie entscheidend. Man kann streitige Leistungen durch Dritte bestimmen lassen (Schiedsgutachter), man kann formalisierte Schlichtungsmodelle wählen, man kann Mediationsverfahren vereinbaren – entscheidend bei all dem ist die Person, die dieses Verfahren steuern soll.

Die wichtigste Aufgabe eines Vermittlers ist es, die Kommunikation zwischen den Parteien wiederherzustellen: *„Wenn bei dem einen Verachtung und bei dem anderen Argwohn herrscht, so können beide nicht gut zusammenwirken.“*[166] Denn nur wenn die Parteien wieder miteinander sprechen, haben sie die Chance, unter die Oberfläche des Streites zu blicken und vielleicht den Machtkampf zu analysieren, der die Gemüter bewegt.

Der Vermittler wird wenig Erfolg haben, wenn er versucht, seine eigene Vernunft oder seine eigenen Gefühle an die Stelle der Parteien zu setzen. Wohl aber kann er als Geburtshelfer daran mitwirken, dass den Parteien auf einmal bewusst wird, woran sie bisher gescheitert sind. Vielleicht liegt es nur an fehlender Information, an emotionalen Blockaden, an der Tatsache, dass in der Verhandlung keiner mitgewirkt hat, der wirklich entscheiden konnte, oder an formalisierten Machtspielen, die die Kommunikation zerstört haben. Vielleicht ist es den Parteien nur nicht gelungen, zu begreifen, dass *„die Menschen in den seltensten Fällen {verstehen}, ganz schlecht oder ganz gut zu sein.“*[167]

Sieg oder Niederlage?

Wenn auch der Vermittler scheitert, ist das Endergebnis keinesfalls immer der Sieg für die eine und die Niederlage für die andere Partei. Wie wir schon gesehen haben, kann man objektiv nicht feststellen, ob das Glas halb voll oder halb leer ist. So kommt es – wie man nach jedem Wahlkampf beobachten kann –, dass sich am Ende des Konflikts beide Seiten zum Sieger erklären.

„Entehrende Worte gegen den Feind sind meist auf eine gewisse Vermessenheit zurückzuführen, die der Sieg oder die falsche Hoffnung auf den Sieg erzeugen. Gerade diese falsche Hoffnung auf den Sieg verleitet den Menschen nicht nur in Worten, sondern auch in Taten zu Fehlern. Sind sie davon besessen, so überschreiten sie alle Grenzen und verpassen meistens die Gelegenheit, etwas Gutes festzuhalten."[168] Wer diese Bemerkung liest, hat den Eindruck, Niccolò Machiavelli und nicht Nikolaus Brender habe am 18. September 2005 die Elefantenrunde geleitet, in der Gerhard Schröder erklärte, außer ihm sei niemand in der Lage, eine stabile Regierung zu stellen. Nur vier Wochen später stand fest, wie sehr er sich geirrt hatte.

Tatsächlich gibt es keinen absoluten Sieg oder eine absolute Niederlage. Diese Begriffe sind letztlich nichts anderes als der Ausdruck erfüllter oder zerstörter Hoffnung, also der Vorstellungen, die die Parteien während des Konflikts begleitet haben. Ob sie damit in der Realität etwas anfangen können, steht immer auf einem anderen Blatt.

Sieg durch Verlust: Potlach und andere Kapitalvernichtungen

Es gibt sogar Kulturen, in denen das höchste Sozialprestige für den entsteht, der bereit ist, sein eigenes Eigentum zu vernichten. Bei einigen Indianerstämmen an der US-Nordwestküste (Kwakiutl/Tlingit/Chinnook) ist es Sitte, dass der Stamm sich einmal im Jahr zum Potlach trifft und dabei wertvolle Gegenstände mitbringt, wie Lebensmittel, Decken, Handwerkszeuge usw. Wer die meisten Lebensmittel für das Fest ausgibt und alles ins Feuer wirft, was er mitgebracht hat, erhält den höchsten Rang zugesprochen, und zwar solange, bis ein anderer ihn bei einer solchen Vernichtungsaktion übertrifft.[169] Das Ganze kann unglaublich eskalieren. Man berichtet von Einzelfällen, in denen ein Häuptling sein Holzhaus Stück für Stück abgetragen und die wertvollen Planken den Gästen auf den Heimweg mitgegeben hat, so dass er dann selbst in fremden Zelten schlafen musste.

Wenn Ihnen diese Sitten sehr fremd vorkommen, dann sehen Sie sich auf unseren Straßen um: Wir kaufen uns Autos, die so teuer sind wie Ferienhäuser, obwohl wir genau wissen, dass wir mit ihnen auf der Autobahn auch nicht schneller vorwärts kommen als jeder Opel. Viele kaufen sich auch einen Geländewagen, ohne ein Gelände zu haben. Dafür aber sitzt man im Stau bequemer, hat den Überblick und kann an der Ampel auf die anderen herabsehen. Was aber noch viel wichtiger ist: So können wir demonstrieren, dass auch wir es uns leisten können, das Geld zu verbrennen.

Der traurige Sieger

Schon bei Herodot und Xenophon lesen wir, wie der Heerführer vor der Schlacht die Helden beweint, die in der Schlacht sterben werden, auch wenn er sich den Sieg erhofft.

Die überall bekannten Machiavelli-Zitate lassen nicht vermuten, dass auch er den traurigen Sieger kennt. Er schildert die Schlacht Castruccio Castracanis gegen die Florentiner, die er vernichtend schlug, bei der er sich aber *„ganz erschöpft und Schweiß überströmt"* dem kalten Wind aussetzte und am nächsten Tag durch hohes Fieber niedergeworfen wurde.

Als er merkt, wie die Kräfte nachlassen, ruft er seinen Nachfolger, den jungen Fürsten von Lucca, und spricht zu ihm: *„Wenn ich geglaubt hätte, mein Sohn, dass mir Fortuna inmitten der Lebensbahn den Weg zu jenem Ruhm abschneiden wollte, den ich mir bei so vielen glücklichen Erfolgen versprochen hatte, hätte ich mich weniger angestrengt und Dir, wenn auch einen kleineren Staat, so doch auch weniger Feinde und weniger Neid hinterlassen. Denn, zufrieden mit der Herrschaft über Lucca und Pisa, hätte ich Pistoia nicht unterworfen und die Florentiner nicht durch so viele Kränkungen aufgebracht. (...) Aber Fortuna, die Schiedsrichterin über alle menschliche Dinge sein will, schenkte mir nicht so viel Einsicht, dass ich das gleich erkennen konnte, noch soviel Zeit, dass ich sie hätte niederringen können."*

Resignation und Wehmut über diese späte Einsicht des Siegers sind ergreifend und zeigen, wie viel Machiavelli gerade von den Problemen des Sieges verstanden hat.

Der traurigste aller Sieger war Abraham Lincoln. Im Bürgerkrieg zwischen den Nord- und Südstaaten der USA war es bei Gettysburg im Juli 1863 zu einer letzten Schlacht gekommen, die mit einem überragenden Sieg der Nordstaaten endete. Auf dem Schlachtfeld waren 7.000 Tote und 43.000 Verletzte beider Seiten geblieben. Lincoln hielt die Trauerrede, die nur zehn Sätze umfasst, darunter:[170] *„Wir* *haben uns auf einem großen Schlachtfeld dieses Krieges versammelt. Wir sind gekommen, einen Teil davon jenen als letzte Ruhestätte zu weihen, die hier ihr Leben gaben, damit diese Nation leben möge. (...) Doch in einem höheren Sinne können wir diesen Boden nicht weihen – können wir ihn nicht segnen – können wir ihn nicht heiligen. Die tapferen Männer, lebende wie tote, die hier kämpften, haben ihn weit mehr geweiht, als dass unsere schwachen Kräfte dem etwas hinzufügen oder etwas davon wegnehmen könnten. Die Welt (...) kann niemals vergessen, was jene hier taten. (...) Auf dass die Regierung des Volkes durch das Volk und für das Volk niemals von der Erde verschwinden möge.“*

Nicht mit einem Wort, nicht mit einer Andeutung spricht Lincoln von dem Konflikt, der in diesen Krieg geführt hat. Die Toten sind die Toten beider Seiten und sie sind gefallen, weil man sich über den Weg nicht einig war, der zu dem in der Rede beschworenen gemeinsamen Ziel der *„Regierung des Volkes durch das Volk“* führen sollte. Mit diesen wenigen Sätzen wurde Lincoln auch in den Südstaaten von den meisten gehört – aber nicht von seinem Mörder: Zwei Jahre später hat ihn einer der berühmtesten Shakespeare-Schauspieler seiner Zeit, John Wilkes Booth (27), in seiner Theaterloge von hinten erschossen. Lincolns Verständnis für die Sicht der Südstaaten auf den Konflikt konnte ihm das Leben nicht retten.

Arrogante Verlierer

Resignation und Wehmut des Verlierers können die meisten Menschen nur aushalten, wenn sie darüber die Fassade der Arroganz legen. Ich werde nie vergessen, wie Souhaila Andrawes 1977 vom Kampfplatz der Lufthansamaschine „Landshut“ getragen wurde und schwer verletzt das „Victory“-Zeichen zeigte, um ihre Niederlage wenigstens für sich in einen Sieg umzudeuten. Eine traurige Churchill-Travestie!

Die Ohnmacht ist genauso arrogant wie die Macht – und hier hat die Arroganz vielleicht ihre größte Berechtigung. Wer sich gegenüber der Gesellschaft auflehnt und anderen Schaden zufügt, auch ohne etwas zu gewinnen, siegt schon durch die Entstehung des Schadens.

Kampf der Generationen

Wie schwierig es ist, Streit zwischen den größten Gruppen, also den Nationen, Stämmen und so weiter zu schlichten, zeigen uns folgende Zahlen:

Im Jahr 2005 hat es 249 politische Konflikte gegeben, davon 24 offene, gewaltgesteuerte Auseinandersetzungen (u. a. Sudan, Irak, Afghanistan). Im gleichen Jahr unternahm die UNO 18 Friedensmissionen vom Kongo bis Israel. Die Terrorakte an allen Stellen der Welt zeigen uns, wie wichtig es ist, die Ursachen für Streit und Konflikt zu verstehen und eine Kunst des Handelns zu entwickeln, wie man damit fertig werden kann.

Gängige Erklärungen deuten auf den Zusammenprall der Kulturen (Huntington) oder die offensichtlich religiösen Hintergründe. Gunnar Heinsohn hat einen viel einleuchtenderen Grund für offene Konflikte ausgemacht: Sie treten stets dann auf, wenn der Prozentsatz von Jugendlichen merklich über 15 Prozent an der Gesamtbevölkerung liegt.[171] Und er wird umso grausamer – wie man an den Kindersoldaten in Afrika sieht – wenn er nahe an 50 Prozent herankommt.

Heinsohns Untersuchungen umfassen 124 Länder der Welt, und in allen hat sich diese These bestätigt. Sie leuchtet unmittelbar ein, wenn man sich die jungen Soldaten vor Augen führt, die 1914 ebenso mit glänzenden Augen in den Tod gerannt sind wie heute die Selbstmordattentäter in vielen Ländern.

Wer nicht versteht, dass für den Selbstmordattentäter in der Tat selbst der Sieg steckt und der Machtkampf damit gewonnen ist, denkt viel zu oberflächlich und kuriert an den Symptomen herum.

Faule Kompromisse

„Die unglücklichste aller Situationen, in die ein Machthaber oder ein Freistaat geraten können, ist die, dass sie weder den Frieden annehmen noch den Krieg fortsetzen können. In solche Umstände kommen Staaten, die durch die Friedensbedingungen allzu sehr bedrückt werden oder bei Fortsetzung des Krieges entweder ihren Bundesgenossen oder dem Feind ausgeliefert sind.“[172]

Wer dies erkannt hat, wird vielleicht noch die Energie aufbringen, die das Blatt zu seinen Gunsten wenden kann, oder er resigniert so früh, dass er noch einen tragfähigen Kompromiss zustande bringt. In solchen Situationen entscheiden Glück und der richtige Zeitpunkt (Momentum). Nur in diesen Fällen kann man damit rechnen, dass der unter dem Streit liegende Machtkampf sich vielleicht mit der Zeit auflöst, so wie es uns Deutschen gelungen ist, viele nationale Probleme im größeren Europa ihre Gestalt verändern zu lassen.

Aber so ein Glück hat man nicht immer und so neigt man zu faulen Kompromissen, die den Machtkampf nur schwach übertünchen. Verträge, die auf solcher Basis geschlossen werden, werden auch schnell wieder gebrochen. Machiavelli erklärt das zur Notwehr: *„Erzwungene Versprechen braucht man nicht zu halten.“*[173] Wer einen unfairen Vertrag mit Machtmitteln erzwingt, muss ahnen, dass er nur das eine Problem durch ein anderes austauscht, *„denn es geht auf Erden so zu, dass man nie einer Unbequemlichkeit entgeht, ohne in eine andere zu geraten. Die Klugheit aber besteht darin, ihre Größe richtig abzuschätzen und das geringere Übel als Vorteil zu betrachten.“*[174]

Die Juristen

„Finden Kamerad nicht auch, die Juristen sind so jewissermaßen
die Kavallerie von's Zivil: die feine Jattung?"

X.

DER SCHATTEN DES RECHTS

Rechtssysteme und Machtkämpfe / Europäische Streitkulturen / Asiatische Streitkulturen / Schnell, preiswert und subventioniert / Bagatellen / Prozesstaktik / Unlogisches Recht / Streit im Gerichtssaal / Jedem das Seine oder allen das Gleiche?

Es dürfte keinen Bereich auf der Erde mehr geben, der nicht in formeller Hinsicht von einem Staat beansprucht wird, der damit gleichzeitig auch das Gewaltmonopol in Anspruch nimmt. Jeder Staat hat auch ein – wie immer geartetes – Rechtssystem als Ausdruck einer geordneten und gerechten Ausübung dieser Gewalt.

Viele Staaten sind aber zu schwach, um davon wirksam Gebrauch zu machen, denn es ist sinnlos, von einem Rechtssystem zu sprechen, das nur auf dem Papier steht, von Richtern, wenn diese Personen nicht unabhängig sind und bestochen werden können, oder von einem Prozess, an dessen Ende keine Vollstreckung der Urteile möglich ist. Illegale Macht und damit die Willkür müssen durch ein Rechtssystem wirksam verhindert werden, das allen – vor allem den Ohnmächtigen – den wirksamen *„Kampf ums Recht“* (Rudolf von Jhering) ermöglicht.

Das kann nur gelingen, wenn das Recht von den Interessen einzelner Menschen getrennt werden kann. Diese Grunderkenntnis verdanken wir Aristoteles: *„Darum lassen wir auch keinen Menschen regieren, sondern das Prinzip, weil der Mensch für sich handelt und Tyrann wird.“*[175] Erst 1.500 Jahre später wird dieses Prinzip in der Magna Carta Libertatum von dem englischen König Johann Ohne Land (1167–1216) schriftlich niedergelegt und später um eine Vielzahl einzelner Freiheitsrechte ergänzt, die zusammengenommen Macht und Willkür begrenzten und Streit in ein förmliches Verfahren überführten.

Bei den pragmatischen Engländern, die für so etwas weder Theorien noch Systeme brauchen, dauerte es noch einmal 600 Jahre, bis Albert Venn Dicey im Jahr 1885 die Gesamtheit dieser Regeln unter dem Begriff *Rule of Law* zusammenfasste; die Grundidee also, dass man dem Staat das Gewaltmonopol nur gibt, wenn er sich seinerseits an Gesetz und Recht hält. Auf die Weise wirken Gesetze und Gerichtsurteile als Beispiele für richtiges Verhalten und werfen so den *Schatten des Rechts (Shadow of the Law)* voraus, auch wenn der Konfliktfall noch nicht eingetreten ist. Dieser Begriff deutet einerseits auf den Schutz, den das Recht bietet, andererseits aber auch auf die Drohung, die das Gewaltmonopol des Staates beinhaltet.

Zu Machiavellis Zeiten gab es keinen modernen Staat, sondern – ganz ähnlich wie im alten Rom – die Streitentscheidung durch gewählte Bürger, die aber nur Fälle entscheiden durften, für die ein Anspruch definiert war. So gab es weite Teile, in denen es zwar Streit, aber keine dafür zuständigen Gerichte gab. In solchen Fällen fehlte eine *„Einrichtung, die den bösartigen Stimmungen der Bürger ohne gewaltsame Mittel Luft machen kann.“*[176]

Europäische Streitkulturen

In Griechenland gab es schon in der Antike (etwa 400 v. Chr.) differenzierte Prozessregeln. Mit Wasseruhren wurde zum Beispiel die Redezeit der Anwälte gemessen – zwischen drei und dreißig Minuten bekamen sie zugeteilt![177]

Die Römer entwickelten in der Folgezeit die tragende Idee des Zivilrechts, nämlich den konkret einklagbaren Anspruch des einen gegen den anderen und entwickelten die Theorie von Verträgen, also Vereinbarungen über Leistung und Gegenleistung, mit denen Risiken verteilt werden können. Schon circa 450 v. Chr. war auch das Prozessrecht soweit entwickelt, das es im ältesten Dokument der Römischen Rechtsgeschichte, den Zwölf-Tafel-Gesetzen, heißt: *„Wenn Krankheit oder hohes Alter die Ursache für das Ausbleiben des Beklagten {bei Gericht} sind, soll der Kläger ein Lasttier zur Verfügung stellen (...), einen Wagen mit Verdeck muss er nicht schicken.“*[178]

Heute, 2.500 Jahre später, haben sich aus diesen Anfängen Rechtssysteme entwickelt, deren Inhalte durch geschriebene Gesetze und gerichtliche Grundsatzentscheidungen geprägt werden. Dabei durchläuft der Prozess stets ein zweistufiges Verfahren:

1. Zunächst werden von beiden Parteien die von ihnen für relevant gehaltenen Tatsachen vorgetragen – die Tatsachen, die zu dem Konflikt geführt haben. Über streitige Tatsachen wird Beweis erhoben. Die Phase der Beweisaufnahme ähnelt dem Theater: Die Zeugen erzählen, wie sie den Fall aus ihrer Perspektive erlebt haben, und die Zuschauer machen sich daraus ihr eigenes Bild.
2. Danach vergleicht das Gericht den Fall mit der gesetzlichen Regel und entscheidet, ob beides zusammenpasst oder nicht.

Dieses System hat sich weit über Europa hinaus, nach Nord- und Südamerika sowie nach Australien ausgebreitet. Afrika, das auch heute noch von Rechtssystemen früherer Kolonialstaaten bestimmt wird, hat – jedenfalls auf dem Papier – diese Strukturen übernommen. Die früheren Ostblockstaaten sind von dem mehr oder weniger willkürlichen Rechtsverhalten der Zarenzeit ebenfalls in diese Systeme hineingestürzt und wenden sie mehr oder weniger erfolgreich an.

Asiatische Streitkulturen

Ganz anders in Asien. Der japanische Begriff *ki-chigai* heißt nicht nur „verneinen", sondern auch „verrückt sein".[179] Für Asiaten ist die Ausgewogenheit, die Harmonie (chinesisch: „Li") innerhalb der verschiedenen Gemeinschaften (Familie/Nachbarschaft/Ort/Firma/Staat) das leitende Grundprinzip aller Handlungen und damit auch des Rechts.

Hier konnte der individuelle Anspruch eines Einzelnen gegenüber einem anderen Einzelnen nicht entwickelt werden: *„Der Begriff des Gesetzes, wie er sich in der Epoche der Kämpfenden Staaten langsam herausbildete, hat nichts mit dem gemein, was wir darunter verstehen (...) Das Gesetz ist (...) das Instrument einer hierarchischen Einstufung der Individuen aufgrund eines allgemeinen Maßstabes von Würdigkeit und Unwürdigkeit, Verdienst und Verschulden."*[180] Das Gesetz bildet also eine höhere Ordnung ab, die eine individuelle Beurteilung nur dort zulässt, wo diese Ordnung das vorsieht. So wird die Streitvermeidung zum Ziel des Rechtes, wie sie auch in den Uranfängen der sich bildenden Gemeinschaften zu beobachten ist.[181]

Im frühen Australien trafen verfeindete Stämme sich zum Sühnetreffen, man führte Schaukämpfe auf, bei den Eskimos gab es Boxkämpfe oder Zweikämpfe mit Keulen, in Afrika kämpfte man mit Tauziehen und Knüppelschlägen oder man wurde an den Pranger gestellt. Auch gab es Singwettkämpfe, bei dem die Kontrahenten sich Spottlieder zu sangen, und wer es am längsten aushielt, hatte gewonnen.[182]

Wir sind schon so lange an die Streitentscheidung durch Gerichte gewöhnt, dass wir längst vergessen haben, dass die Gewaltenteilung ein Kind der Französischen Revolution und daher gar nicht so alt ist. *„Sind keine gesetzlichen Mittel da, so greift man zu ungesetzlichen, und diese haben ohne Zweifel viel schlimmere Folgen als jene.“*[183]

Da wir die Gerichte nicht durch Singwettkämpfe ersetzen können, müssen wir uns teilweise sinnlos erscheinenden Gesetzen[184] und dem Spruch des Richters unterwerfen und damit auch der Streitkultur, die in einem Gerichtsverfahren durch die dort geltenden Regeln und Bestimmungen entsteht.

In Asien besteht der Königsweg der Konfliktregelung in der Vermittlung durch Personen, die beiden Seiten durch Rang oder Gefühl verbunden sind und von beiden Seiten respektiert werden. Denn wer ein förmliches Gerichtsverfahren einleitet, läuft allein dadurch Gefahr, seine sozialen Beziehungen zu verlieren – und das gilt auch und gerade, wenn er den Prozess gewinnt! Natürlich gelten diese Regeln nur im Innenverhältnis derer, die sie akzeptieren und verstehen.

Ausländern gegenüber verhält man sich nicht so. Denn wie sollte man auch jemanden finden, der zwischen einem Ausländer und einem Japaner vermitteln könnte? Ein Chinese kann das kaum sein.

Schnell, preiswert und subventioniert

Es gibt kein Land auf der ganzen Welt, in dem man so schnell und billig wie in Deutschland prozessieren kann. Der Grund: Die Deutschen haben im Grunde bis 1945 mehr oder weniger in einem Obrigkeitsstaat gelebt, und die paar Jahre Unterbrechung, die die Weimarer Republik gebildet haben, sind – jedenfalls in der Justiz – nicht so recht wahrgenommen worden. Vor lauter Freude darüber haben sich die Deutschen ein im internationalen Vergleich luxuriöses Gerichtssystem geschaffen, das eine Fülle von Spezialgerichten enthält (vom Strafgericht bis zum Sozialgericht). Das erfordert ebenfalls eine – im internationalen Vergleich – sehr hohe Zahl von Anwälten, Richtern, Staatsanwälten und sonstigem Gerichtspersonal.

So hatten wir im Jahr 2004 20.395 Richter,[185] also einen Richter auf 4.020 Einwohner. In Indien müssen sich 109.535 Einwohner einen Richter teilen. Die durchschnittliche Prozessdauer beim Amtsgericht beträgt in Deutschland 4,6 Monate, beim Landgericht 6,7 Monate. Berufungen bei den Oberlandesgerichten dauern normalerweise 8,5 Monate.[186] In Italien dauert demgegenüber die 1. Instanz zwischen drei und fünf Jahren und 12 Prozent aller Prozesse dauern über sechs Jahre.[187] Darüber hinaus gibt es in Deutschland staatliche Hilfe für das Prozessieren, die sogar so weit geht, dass der eigene Anwalt vom Staat bezahlt wird – die Prozesskostenhilfe. Es gibt sie teilweise auch in anderen Staaten, aber nirgendwo ist der Zugang so einfach wie bei uns. 53 Prozent aller Scheidungen bezahlte in Baden-Württemberg im Jahr 2003 der Staat für beide Seiten, nur 4 Prozent wurden abgelehnt.[188] Wenn man in den USA kein Geld hat zum Prozessieren, muss man sich an Stiftungen für Bedürftige wenden oder einen Anwalt finden, der den Fall auf eigenes Risiko übernimmt.

Ich will damit nicht sagen, dass Prozesse in Deutschland das reine Eldorado sind. Aber im Vergleich mit anderen Rechtssystemen hat das deutsche System alle Vorteile einer glänzenden, stets funktionsfähigen Werkzeugmaschine, die Hochqualitätsprodukte erzeugt – mit allen Vor- und Nachteilen, die ein solches System hat.

Bagatellen

Vor allem im Mietrecht, im Arbeitsrecht und immer da, wo vom Staat noch etwas zu holen ist, geht man bei uns schnell zu Gericht:

- Ein Versehrter möchte zwar orthopädische Turnschuhe vom Sozialamt geschenkt bekommen, sich aber keinesfalls dazu verpflichten, in diesen Turnschuhen auch Versehrtenübungen zu machen (Bundessozialgericht vom 17.11.1981/9AV50/80).

- Ein Arbeitnehmer will sein Zeugnis nicht akzeptieren, weil es geknickt ist (Bundesarbeitsgericht vom 21.09.1999/9AZR893/98).
- Es gibt Leute, die gern nackt radeln wollen, und denen das verboten werden muss (Verwaltungsgericht Karlsruhe 02.06.2005/6K1058/05).
- Auch die Schultüte und der Schulranzen muss der Staat bezahlen, wenn ein Kind arm ist, der Oma ist das nicht zuzumuten (Sozialgericht Schleswig vom 14.08.2006 [S 3 AS 663/06]).
- Ein zu 100 Prozent schwer beschädigter fünfzigjähriger Arzt ist als Gutachter für Arbeitsunfähigkeitsbescheinigungen bei einer Behörde angestellt. Aufgrund seiner Diabetes wurden ihm die Nieren und die Bauchspeicheldrüse transplantiert. Zu allem Unglück erlitt er im September eine Hirnhautentzündung und war deshalb krank geschrieben. Das sollte ihm aber nicht den geplanten Skiurlaub in Zermatt verderben, bei dem er stürzte und sich die Beine brach. Gegen die daraufhin ausgesprochene Kündigungserklärung erhob er Klage – und zum Erstaunen aller Fachleute hat hier einmal der Arbeitgeber gewonnen (Bundesarbeitsgericht vom 02.03.2006/2AZR53/05).

Trotz manch unverständlicher Entscheidungen – vor allem im Miet- und Arbeitsrecht – ist es gut, dass die Gerichte uns ein Ventil bieten, um den Dampf abzulassen. Im angloamerikanischen Rechtskreis sind alles das „small claims“, die den normalen Gerichten gar nicht vorgelegt werden dürfen, sondern mit ganz einfachen Prozessregeln erschlagen werden. Die Tatsache, dass bei uns der Streit um eine Kaffeemaschine[189] am Ende beim Bundesverfassungsgericht landet, weil dort das Recht auf rechtliches Gehör verletzt worden sein soll, gibt einem Mut zu hoffen, dass auch gravierende Verletzungen in wichtigen Sachen dort geltend gemacht werden können; falls im entscheidenden Moment die Maschine nicht von den Querulanten verstopft worden ist.

Prozesstaktik

Da bei uns die Prozesse, wenn man sie mit jenen im Ausland, vor allem in den USA vergleicht, kurz und preiswert zu führen sind, werden sie häufig als taktisches Mittel eingesetzt. Man sagt sich: Ich kann mit dem Prozess den Gegner jedenfalls vor die Schranken des Gerichts bringen und vielleicht dort einen Vergleich erreichen, der außergerichtlich nicht möglich ist.

Dieses Mittel war schon zu Machiavellis Zeiten bekannt und hat seine Wurzeln ebenfalls im frühen Prozess der Antike. Mit sehr fragwürdigen Behauptungen konnte man Leute vor Gericht und in eine Abstimmung zwingen, die kaum kalkulieren konnten, wie das wohl ausgehen würde: *„Verleumdungen sind umso häufiger, je seltener Anklagen sind und je weniger vom Staat für ihre Anbringung gesorgt ist."*[190] Heute ist diese Gefahr weit geringer, denn jeder muss aufgrund der gesetzlichen Beweislastregeln das beweisen, was für ihn günstig ist. Einen Entlastungsbeweis muss er erst führen, wenn dem Gegner dessen Beweis gelungen ist.

Dadurch entsteht oft der falsche Eindruck, als ob das Ergebnis eines Gerichtsverfahrens ein getreues Abbild der Wirklichkeit sein könne. Dabei wird leicht übersehen, dass die prozessualen Regeln die Wahrheit nicht nur fördern, sondern auch verdecken können. Wenn es für einen Streit auf jeder Seite einen Zeugen gibt und der Zeuge des Klägers plötzlich bei einem Autounfall getötet wird, wird er den Prozess verlieren, wenn der andere Zeuge die Version bestätigt, die der Beklagte gegeben hat. Wenn eine Seite aussagekräftige Dokumente hat, die andere aber ihre Dokumentation, aus welchen Gründen auch immer, längst vernichtete, wird sie den Prozess verlieren.

Wie sich diese Beweislastregeln in der Praxis auswirken, zeigen wohl die am besten dokumentierten Prozesse[191] der bisherigen Rechtsgeschichte um den früheren Footballstar und Schauspieler O. J. Simpson (*1947). Simpson, der in streiterfüllter Ehe mit seiner Frau Nicole lebte, wurde nach spektakulärer, im Fernsehen gezeigter Hetzjagd 1994 verhaftet und des Mordes an seiner Frau angeklagt.

Er erreichte einen Freispruch, wurde aber 16 Monate später wegen Tötung seiner Frau vor den Zivilgerichten zur Zahlung von Schadenersatz an die Familienangehörigen seiner Frau in Höhe von 33,5 Millionen Dollar verurteilt, die er aber wegen seiner zwischenzeitlich (auch durch die Anwaltshonorare) zerrütteten Vermögensverhältnisse nie gezahlt hat. Das Auseinanderfallen der strafrechtlichen und zivilrechtlichen Verurteilung mag auch an dem amerikanischen Jury-System liegen. Im Strafprozess war es eine überwiegend farbig besetzte Jury, im Zivilverfahren hingegen hatten die Weißen die Mehrheit. Der Strafprozess war auch im Fernsehen übertragen worden. Wie all das die Unabhängigkeit der jeweiligen Jury beeinflusst haben mag, ist kaum abzuschätzen.

Wir sehen also: Der Prozess kann uns nur das Bild der Wirklichkeit geben, das die Beweismittel abbilden, seine Verfahrensregeln mögen so fair wie möglich sein, aber es sind eben Regeln, die auch erfüllt werden müssen. Ebenso wie die Wahrheit ist auch das Recht dasjenige, was wir in Händen halten, wenn wir aufhören (müssen), danach zu suchen.

Unlogisches Recht

Recht wird, wie Arthur Kaufmann nachgewiesen hat, in einem vierstufigen Prozess gewonnen.[192] Drei dieser Schritte sind mit den Gesetzen der Logik nachvollziehbar, so vor allem die Klärung der Frage, ob es überhaupt gesetzliche Regeln für den Fall gibt und die vorgetragenen Tatsachen kausal miteinander zusammenhängen. Die entscheidende Frage, ob der konkrete Fall unter die abstrakten Regeln von Gesetz oder Grundsatzurteilen fällt, ist nicht mit den Mitteln der Logik, sondern nur durch Vergleiche, also durch Analogiebildung, erreichbar. Sie setzt – ähnlich wie der Vergleich von Tintenklecksen im Rohrschachttest – Differenzierungsarbeit voraus. Dafür braucht man einen ungetrübten, unabhängigen Blick und genügend Berufserfahrung.

Nur diese Arbeit pflügt das Feld, auf dem das Rechtsgefühl sich entwickelt, über das kein Gesetz und kein Prozessrecht etwas sagt. Deshalb ist das Recht keinesfalls *„Vernunft, befreit von Gefühlen“* (Aristoteles). Vielmehr wird es von den Gefühlen erheblich beeinflusst, die in allen Beteiligten bei einem Vergleich zwischen diesen Bildern entstehen. Es ist Sache des Richters, sich dieser Gefühle bewusst zu sein, nicht aber, sie zu unterdrücken. Er muss seine Voreingenommenheiten kennen, und sein Urteil bewährt sich vor allem dann, wenn er es zugunsten eines Klägers sprechen muss, der ihm persönlich unsympathisch ist.

Streit im Gerichtssaal

Keine Szene zeigt das besser als jene Situation 1967 im Landgericht Berlin, als der Vorsitzende Richter Schwerdtner den Studenten Fritz Teufel, der gemütlich Zeitung lesend auf der Anklagebank saß, aufforderte, sich zu erheben. *„Na, wenn es der Wahrheitsfindung dient!“*, meinte der Angeklagte und machte großzügige Anstalten, sich zu erheben.[193] Mit dieser Bemerkung hatte Fritz Teufel den Richter noch sprachlos gemacht. Als er danach aber immer widerspenstiger wurde, erhielt er eine Vielzahl von Ordnungsstrafen, so etwa, als er einen Sachverständigen, der ihn auf seinen Geisteszustand untersucht hatte, fragte: *„Gibt es auch eine Krankheit wie krankhaftes Verhängen von Ordnungsstrafen?“*[194]

In den angloamerikanischen Ländern wird seit jeher streng darauf geachtet, dass niemand die Autorität des Gerichts so in Frage stellen kann. Der berühmteste Fall der englischen Rechtsgeschichte ist jener von William Penn, dem Gründer der Glaubensgemeinschaft der Quäker in London, der in Oxford und Frankreich Theologie und später an der berühmten Rechtsschule Lincoln's Inn studiert hatte und sich also bestens auskannte.

Angeklagt wegen verbotener Gottesdienste, nahm er im Gerichtssaal wie üblich seinen Hut ab, erhielt aber von dem Gerichtsbeamten die heimtückische Weisung, ihn wieder aufzusetzen. Als der Richter Penn so sah, verurteilte er ihn wegen Respektlosigkeit nach Common Law. *„Wo steht dieses Common Law?"*, fragte Penn. *„Du bist ein impertinenter Geselle"*, sagte der Richter. *„Ausgerechnet du willst dem Gericht beibringen, was Recht ist? Das ist ‚ungeschriebenes Recht', für das manche dreißig bis vierzig Jahre Studium brauchen, und du willst mir zumuten, dir das in einer Sekunde auseinanderzulegen?"* Penn: *„Na, wenn das Common Law so schwierig zu verstehen ist, dann ist es von ‚common' ziemlich weit entfernt."*[195] Wir alle wissen, wie die Geschichte endete. Penn wurde verurteilt, floh mit seiner Familie nach Amerika und erhielt 1681 von König Karl II. von England den Bezirk „Penns Wald" – heute Pennsylvania – zum Ausgleich einer Forderung, die er gegen die englische Krone hatte.

Jedem das Seine oder allen das Gleiche?

Ein absolut gerechtes Urteil könnten Gerichte nur finden, wenn sie auf diese beiden Fragen eine gleichwertige Antwort fänden. Das ist bekanntlich nicht möglich, denn wenn ich jedem das Seine gebe, können nicht alle das Gleiche erhalten – und umgekehrt! Wenn man die Gerechtigkeit nur als theoretische Konstruktion versteht, ist sie tatsächlich nichts anderes als eine *„leere Worthülse der Bürgerrhetorik“.*[196]

Gerechtigkeit ist ein praktischer Wert,[197] der Konflikte unter folgenden Bedingungen regeln kann:

- Es gibt ein faires Verfahren für alle Beteiligten, das alle gleich behandelt, jedem rechtliches Gehör gibt und jedenfalls in wichtigen Sachen die Überprüfung von Entscheidungen durch Rechtsmittel zulässt.
- Politik und Verwaltung oder sonstige Dritte dürfen keinen Einfluss auf dieses Verfahren nehmen, der Richter muss unabhängig sein.
- Die Tatsachen müssen in zumutbarem Umfang ermittelt oder vorgetragen werden dürfen, das Verfahren darf aber gleichwohl nicht unangemessen lang werden.
- Alle Entscheidungen von Gerichten bedürfen einer gesetzlichen Grundlage.
- Wenn es um Ermessensentscheidungen geht, müssen die Regeln von Treu und Glauben gelten.

Wenn diese Bedingungen im notwendigen Maß erfüllt werden, kommt man gar nicht in die Versuchung, Gerechtigkeit als etwas zu verstehen, das die eigene Perspektive für alle gültig machen soll. Wir werden vielmehr in dem einen Fall jedem das Seine und in dem anderen Fall allen das Gleiche geben, wenn das die faire Lösung ist. Und wir werden vor allem die Einzelfallgerechtigkeit nicht übertreiben, weil sie das System unendlich komplex macht und dadurch gefährdet: *„Überfeinerung der Gerechtigkeit führt zur Verkehrung ihrer Grundsätze."*[198]

Der tiefste Grund, warum gerichtliche Urteile oft als unbefriedigend empfunden werden, liegt darin, dass die Gerichte zwar den Streit entscheiden, aber die *Machtfrage* nicht beeinflussen können. Sie liegt stets tiefer als der Streit. Gerechtigkeit ist nur eine Chance, die sich bei guten Bedingungen realisieren lässt und in allen anderen nicht erreicht werden kann. Wer mehr erwartet, dem ist auf Erden nicht zu helfen.

An der Grenze

„Mein Koffer ist aber zujeschnürt. Übrijens jebe ich Ihnen mein Ehrenwort, dass nichts Zollpflichtiges drin is." – „Tut mir unendlich leid, dann bin ich gezwungen, die Verschnürung aufzuschneiden." – „Na, erlauben Se mal: Wenn Ihnen 'n preuß'scher Leutnant sein Ehrenwort jiebt, is das so jut wie aufjeschnitten."

XI.

STREITHAMMEL UND ANDERE TYPEN

Begriffsverwirrung / Typische Streithammel / Kämpfer / Strategen / Schauspieler / Anfänger / Zwölf Faustformeln für Streithammel

Die Begriffe „Streit“ und „Hammel“ kommen aus dem Althochdeutschen und haben jeweils ihre eigene Bedeutung: „Streit“ bedeutet die Auseinandersetzung zwischen den Recken („von küener recken striete“) und „Hammel“ ist – entgegen landläufiger Meinung – nicht nur der kastrierte Schafsbock, sondern umfasst auch die weiblichen Tiere, die noch nicht geboren haben!

Uns Männer freut die Erkenntnis, dass in dem Begriff also auch die Streitsucht der Frauen untergebracht ist. Warum aber hat es den armen Hammel getroffen, der ja auch als *„Neidhammel“* durch die Welt laufen muss, dem man vielleicht die *„Hammelbeine lang ziehen“* wird? Man könnte meinen, Kastration oder Kinderlosigkeit seien der Makel, der zum Streit Anlass gibt, wäre da nicht der *„Leithammel“*, der der Herde als Führer vorangeht. Von einem Leitbock haben wir noch nichts gehört.

Im Hammel kreuzen sich zwei Eigenschaften, nämlich das Leiten und das Streiten, das eine ist ohne das andere wohl nicht denkbar. Um beides so miteinander verbinden zu können, braucht man offenbar die Akzeptanz sowohl der männlichen wie der weiblichen Bevölkerung, man muss vielleicht kastriert sein, um den konkurrierenden Männern nicht gefährlich zu werden, und man darf als weiblicher Hammel (politisch korrekt: Hammelin!) noch keine Kinder haben, um nicht in den Kreis der Mütter zu geraten, die das Führen der Herde mit ihrem Beruf nur schlecht vereinbaren können. Und wenn man nicht streiten kann, dann nützt ei-

nem weder die männliche noch die weibliche Seite etwas.
Unsere Bundestagsabgeordneten wissen das, denn wenn es bei Abstimmungen schwierig wird, stimmen sie im *Hammelsprung* ab: Der Plenarsaal wird geräumt, nur zwei Türen bleiben geöffnet, und wer „Ja" stimmt, geht durch die eine, wer „Nein" stimmt, durch die andere, damit die Hammel sich nicht streiten können.

So findet sich im Begriff *Streithammel* das gesamte Spektrum der Charaktere und Eigenschaften, männlicher wie weiblicher, es findet sich die volle Bandbreite der Streitwerkzeuge, vom offenen Angriff bis zum Hinterhalt.

Die Verbindung zwischen Streit und Hammel kommt interessanterweise nur in der deutschen Sprache vor. Im Französischen heißt ein streitsüchtiger Mensch „Batailleur", im Englischen „Squabbler" oder „Brawler", im Amerikanischen auch „Wrangler" (eine gute Jeansmarke für Streitsüchtige?) und im Schwedischen „Bråkstake" – alles Begriffe, die zwar den Streit, aber nicht den Hammel abbilden.

Typische Streithammel

Unter Streithammeln finden sich vier Typen, die ziemlich häufig vorkommen:

- Die Kämpfer.
- Die Strategen.
- Die Schauspieler.

– Und schließlich: Alle Arten von Anfängern, also Leute, die noch nicht sehr viel Erfahrung im Streit haben und noch nicht genau wissen, welchem dieser Typen sie sich zuordnen wollen.

Kämpfer

Die Kämpfer sind am leichtesten zu erkennen, denn sie melden ihre Ansprüche überdeutlich an, verteidigen ihr Terrain und schlagen zurück, wenn sie angegriffen werden. Das gilt nicht nur beim Kampf um Macht oder Geld, sondern auch beim Wettbewerb um die Gunst der Frauen: *„Denn ich glaube, glaubte und werde glauben, dass es wahr ist, was Boccaccio sagt: Dass es besser ist, zu handeln und dann zu bereuen, als nicht zu handeln und dann zu bereuen"*, schreibt Machiavelli an seinen Freund Vettori.[199]

Bei einem Kämpfer muss man sich eine zentrale Frage stellen: Kann er Widerspruch und Auseinandersetzung vertragen? Diese Frage scheint auf den ersten Blick unsinnig, denn der Kämpfer sucht ja genau danach. Aber erstaunlicherweise vertragen gerade aggressive Leute nur wenig Widerspruch. Allerdings gibt es unter ihnen einige, wenn auch wenige, die einen Streit auch beenden können, wenn man ihnen ihre Grenzen aufzeigt. So einer muss Castruccio Castracani gewesen sein, über den Machiavelli eine – weitgehend fiktive – biographische Skizze geschrieben hat. Er schlug nicht nur eine offene Klinge, sondern sprach auch ein offenes Wort und erwartete, dass man ihm so erwiderte:

„Und wie er keinem ersparte, auf diese Weise {nämlich offen} mit ihm zu reden, so zürnte er aber auch nicht, wenn man ihm keine Schonung angedeihen ließ.“[200] Wer sich so verhalten kann, wird selten Hass oder Verachtung auf sich ziehen, wie es den Schauspielern wohl geschehen kann.

Strategen

Ein Stratege ist nicht so impulsiv wie ein Kämpfer. Er handelt nie ohne Plan, er zweifelt eher an seinem Glück und überlegt sich, wann der richtige Zeitpunkt zum Handeln (Momentum) gekommen ist. Er ist nachdenklich und eher in der Gefahr, zum Schauspieler und damit zum Betrüger zu werden.

Schauspieler

Wer beim Streit in viele Rollen schlüpfen kann, hat unglaubliche taktische Vorteile gegenüber allen anderen. Denn ob er sich als Kämpfer, als Stratege oder als Anfänger verkleidet, ist gleichgültig, da er in wechselnden Situationen auch diese Haltungen wechseln kann. Der Kämpfer mag dümmer aussehen, als er ist, aber er wählt solche Rollen nicht, und dem Strategen ist es fast unmöglich, in die Rolle des Toren zu schlüpfen, weil sich das mit seinem eigenen Image nicht verträgt. Und doch *„ist es das Zeichen großer Weisheit, sich zur rechten Zeit töricht zu stellen“.*[201]

Ein Schauspieler ist stets zwei Gefahren ausgesetzt: Vor lauter Rollenspiel weiß er am Ende gar nicht, wer er selbst ist, und wirkliche Kraft kann nur aus der eigenen Persönlichkeit entstehen, nicht aus angenommenen Rollen. Schauspieler ziehen sich schnell den Zorn der anderen zu, weil ihr Auftritt sich vor aller Augen immer ändert, weil sie als ehrlos gelten und dadurch Verachtung und Hass ernten. Das aber ist der schlimmste Fehler den man machen kann. Wer Macht erobern und behalten will, muss *„alles vermeiden, (...) was ihn verhasst oder verachtet machen kann (...) Verächtlich wird der, welcher für wankelmütig, leichtsinnig, weibisch, feig und unentschlossen gilt; davor muss ein Fürst sich also hüten wie vor einer Klippe und danach trachten, dass in seinen Handlungen Größe, Mut, Ernst und Stärke zu Tage treten. (...) Ein Fürst, der in solchem Rufe steht, hat Ansehen genug."*[202]

Anfänger

Anfänger (oder Anfängerinnen) sind alle, die erst lernen müssen, welche der drei Rollen zu ihnen passt, welche Mischung es vielleicht ist, die Erfolg verspricht, und mit welchen Mitteln man sich in der jeweiligen Rolle durchsetzen kann. Wer genug Erfahrung hat, erkennt jeden Anfänger sofort. Er mag sich zurückhalten, er mag klug und gut vorbereitet auftreten – die Körpersprache wird ihn in der Regel verraten. Der Anfänger ist also gut beraten, einige Jahre als Assistent eines erfahrenen Kämpfers zu arbeiten und erst an die Front zu gehen, wenn er genügend

Pulverdampf gerochen hat. Sonst ist die Rolle des Anfängers nur für erfahrene Kämpfer, Strategen oder Schauspieler attraktiv, die sie für gewisse Zeit einnehmen wollen.

Zwölf Faustformeln für Streithammel

In den folgenden zwölf Faustformeln ist alles zusammengefasst, worüber wir gemeinsam mit Machiavelli zuvor nachgedacht haben. Während die Regeln der Macht sehr einfach zu definieren und zu erkennen sind, gibt es viele Wege, wie man im Streit der Macht entgegentreten und das Blatt wenden kann. Jede von ihnen versucht die drei tragenden Elemente jedes Streits so miteinander zu verbinden, dass aus ihnen eine Einheit werden kann: Persönlichkeit, Vernunft und Gefühl.

1. Wenn das Wasser fällt, zeigen sich die Klippen

Streit ist alltäglich, denn ständig stoßen wir – oft ungewollt – mit anderen zusammen / Viele mögliche Konflikte werden durch Hierarchien, soziale Rollen, unterdrückte Gefühle und andere Umfeldbedingungen solange verdeckt, bis deren Änderungen sie für alle sichtbar machen.

2. Die wahre Seele des Streites ist der Machtkampf

In jedem Streit wird – unabhängig vom Inhalt – über Status und Anerkennung gestritten / Viele suchen in ihm Bestätigung wie in einer herausfordernden gefährlichen Sportart / So kommt es zur Machtprobe, zum

Machtspiel, zu Sieg und Demütigung / Inhaltliche Lösungen werden erst möglich, wenn alle Beteiligten damit auch diesen – oft verdeckten – Machtkampf beilegen und dabei ihr Gesicht wahren können.

3. **Konflikte muss man wie Krankheiten behandeln**

Wenn man Konflikte lösen will, muss man die Verantwortung für sie übernehmen / Streit ist auch Schicksal und wie eine Krankheit lästig, aber oft gesund / Eine Vielzahl kleiner Eingriffe wirkt meist erfolgreicher als große Operationen / Streit macht blind und ist unendlich komplex / Deshalb braucht man Beratung durch andere / Aber die Entscheidungen nimmt einem keiner ab.

4. **Im Streit steht jeder sich selbst am meisten im Weg**

Jeder ist sich selbst der Nächste und der Fernste / Der „Feind in mir“ muss ans Tageslicht / Arroganz, Abweisung neuer Informationen, Statusdenken, Machtspiele etc. verhindern geeignete Lösungen / Dummheit und Stolz wachsen auf einem Holz / Viele rennen aber auch sehend ins Unglück, weil Verstand und Gefühl sich widersprechen.

5. **Das Gefühl entscheidet, nicht der Verstand**

Verstand und Logik sind mit Wissen verknüpft, das Gefühl aber mit der Erfahrung und der individuellen Lage / Auch wer nichts versteht, entwickelt doch Gefühle, wer aber nichts fühlt, versteht gar nichts / Deshalb muss man lernen, zwischen Verstand und Gefühl zu unterscheiden, beide aber ernst zu nehmen / Gefühle sind auch mit dem

Recht, mehr noch aber mit den Machtverhältnissen verbunden / Nicht jeder kann sie sich leisten.

6. **Der Berg bewegt sich nicht**

Eigene wie fremde Absichten, bewusste wie unbewusste, erkennt man nur am Verhalten, nicht am Reden / Wer nichts sagt oder sich nicht bewegt, ist schwer zu entziffern und zeigt schon dadurch seine Macht / Staaten und Konzerne bewegen sich selten / Erst wenn anderen bewusst wird, dass man ihnen wirklich schaden oder nützen kann, werden sie sich bewegen.

7. **Aus der Perspektive der anderen sehen lernen**

Jeder konstruiert sich seine eigene Welt, in der eigene Tatsachen, Regeln und Wahrheiten gelten / Deshalb sind dauerhafte Lösungen nur zu finden, wenn man fremde Welten und deren Ideen und Gefühle entschlüsseln kann / Gutes Verhandeln besteht in der Kunst, gleichzeitig sich selbst und die anderen wahrzunehmen / Allerdings: Wahrnehmen und akzeptieren sind zwei Paar Stiefel.

8. **Wenn die Welle des Chaos sich überschlägt, sollte man untertauchen**

Allgemeine Entwicklungen kann man nicht aufhalten / Die Revolution frisst ihre Kinder / Auf die Revolution folgt die Restauration / Sich aus Konflikten zurückziehen ist oft die beste Strategie – der Klügere gibt nicht nach, sondern versteht – er kann seine Gefühle beherrschen / Im Übrigen: Die Zeit heilt alle Wunden.

9. Man lernt nur aus Verlusten

Wer gewinnt, dem fehlt die Erfahrung des Misserfolgs / Verluste setzen Energien frei / Entscheidend ist: Im Fallen wieder aufzustehen.

10. Manchmal hat man keine Wahl

Alle Überlegungen, wie man sich klugerweise verhalten soll, können an tausend Faktoren scheitern, die man nicht beeinflussen kann / Auch das eigene Gefühl kann einen wegschwemmen / Dann ist auch ein unsinniger Krieg unvermeidbar.

11. Recht ist relativ

Recht sorgt, richtig gehandhabt, für Rechtsfrieden, denn der Prozess erschlägt den Konflikt – aber dabei auch manches Wertvolle / Sogar die individuelle Gerechtigkeit kann dabei auf der Strecke bleiben, denn sie hat nur unter günstigen Randbedingungen die Chance, sich zu verwirklichen / Recht ist fair, wenn es im Rahmen seiner Möglichkeiten auch die Gefühle der Beteiligten berücksichtigt.

12. Der Schlüssel zur Lösung eines Konflikts liegt immer in der Hand der Menschen

Er liegt nicht in Ideen, Systemen, Geld, Macht etc., die nur indirekt eine Rolle spielen, soweit sie die handelnden Menschen beeinflussen / Man muss diejenigen finden, die über den Konflikt entscheiden können und die Bedingungen herausarbeiten, unter denen sie eine Lösung akzeptieren / Darunter ist man auch selbst.

Neujahrsgedanken eines Ministers

„Wofür werde ich wohl in diesem Jahr wieder alles verantwortlich sein müssen!“

XII.

MACHIAVELLI: EIN KRITISCHER RATIONALIST

Anti-Machiavel / Macht, Recht und Moral / Macht ist inhaltsleer / Notwehr / Der Ausnahmezustand / Der kritische Rationalist

„Ich weiß wohl, dass ein jeder zugeben wird, wie löblich es wäre, wenn ein Fürst von all den oben genannten Eigenschaften nur die besitzt, welche für gut gelten; da aber die Art der Menschennatur es nicht verstattet, sie alle zu besitzen, noch sie ungeschmälert zu pflegen, so muss er klug genug sein, um den üblen Ruf derjenigen Eigenschaften zu meiden, durch welche er die Herrschaft verlieren könnte; vor den Lastern aber, welche seine Herrschaft nicht gefährden, muss er sich nach Möglichkeit hüten; vermag er dieses aber nicht, so kann er sich ohne viel Rücksicht darin gehen lassen."[203]

Diese Sätze haben mit einigen anderen ähnlich lautenden Machiavelli den Ruf verdorben. Sogar Shakespeare, der seine Schurken oft genug geliebt hat, spricht im Drama Richard III. vom *„mörderischen Machiavel"*.

Unter seinen vielen Kritikern ragt der junge Prinz Friedrich von Preußen hervor, der – vielleicht angeregt von Voltaire – sich mit Machiavellis Werk in seiner Rheinsberger Zeit beschäftigte. In französischer Sprache, die er Zeit seines Lebens viel besser beherrschte als die deutsche, schrieb er zu jedem Kapitel des „Fürsten" einen Kommentar, der Machiavellis Thesen in Grund und Boden verdammte.

Zu der Streitfrage, ob es besser sei, geliebt oder gefürchtet zu werden, sagt Machiavelli: *„Man soll nach beidem trachten; da aber beides schwer zu vereinen ist, so ist es weit sicherer, gefürchtet als geliebt zu werden, sobald nur eins von beiden möglich ist. Denn man kann von den Menschen insgemein sagen, dass sie undankbar, wankelmütig, falsch, feig in Gefahren und gewinnsüchtig sind (...)."*[204] Friedrich meint dazu: *„Ich will lie-*

ber an dem Tage, da ich eine Schlacht liefere, dass mich meine Soldaten lieben als fürchten."[205]

Ja – solange sie für ihn gesiegt haben, hat er sie geliebt, aber in der Schlacht bei Kolin (1757), in der seine Truppen über 13.000 Mann verloren, flohen sie am Ende in Panik vor den Österreichern: „*Kerls, wollt Ihr denn ewig leben?*", hat er ihnen nach gerufen, denn zwischenzeitlich war aus dem Prinzen der König Friedrich II., genannt *der Große*, geworden und der konnte sich keine Gefühlsduseleien mehr leisten.

Aber schon im Anti-Machiavel finden sich die ersten Ansätze machtbewussten Denkens, die den jugendlichen Kritiker selbst widerlegen. Zum 18. Kapitel, in dem *Machiavelli* der Frage nachgeht, ob ein Fürst sein Wort halten müsse, schreibt er: „*Ich bekenne übrigens, dass es gewisse betrübte Notwendigkeiten gebe, da ein Fürst nicht umhin kann, Verträge und Bündnisse zu brechen. Allein er muss sich doch auf eine rechtschaffene Art davon losmachen und seine Bundesgenossen zu rechter Zeit davon benachrichtigen*". Einen Monat, nachdem das Buch anonym, jedoch mit einer Vorrede Voltaires, die auf den Verfasser schließen ließ, in Den Haag veröffentlicht worden war, begann er den Ersten Schlesischen Krieg, in dem er längst die Grenze überschritten hatte, bevor seine Kriegserklärung in Wien eintraf.

Der Anti-Machiavel ist ein moralischer Kommentar eines jungen Fürsten, der die Macht nur aus den Büchern kennt, aber noch nicht praktisch erfahren hat. Er bestätigt eindrucksvoll, dass jeder König zwei Körper hat, nämlich seinen eigenen und den, den das Amt ihm verleiht (Ernst Kantorowicz). Mit dieser Schizophrenie werden wenige Leute fertig, die Macht haben, weil ihnen der ständige Rollenwechsel misslingt.

Macht, Recht und Moral

Anders als der junge Friedrich hatte Machiavelli viele Jahre im Zentrum der Macht gestanden, als er seine Erfahrungen zu Papier brachte, die ihm zeigten, dass *„die Art, wie man lebt, (...) so verschieden von der Art, wie man leben sollte {ist}, dass, wer sich nach dieser richtet statt nach jener, sich eher ins Verderben stürzt, als für seine Erhaltung sorgt; denn ein Mensch, der in allen Dingen nur das Gute tun will, muss unter so vielen, die das Schlechte tun, notwendig zugrunde gehen. Darum muss ein Fürst, der sich behaupten will, im Stande sein, schlecht zu handeln, wenn die Notwendigkeit es erfordert."*[206]

Hinter diesem Satz steckt die unbedingte Forderung, keine Entscheidung zu treffen, ohne zuvor die Tatsachen des Lebens, die comédie humaine, schonungslos zu analysieren und sich erst dann zu fragen, wie man reagieren soll. Die Macht kann nur durch Recht und Moral in Grenzen gehalten werden, aber man muss erst die Situation analysieren, bevor man weiß, welches dieser Mittel man anwenden kann – oder ob es weder ein moralisches noch ein gesetzliches Mittel gegen die Macht gibt! Dabei kann man in seinen Entscheidungen *„das Moralische vom Ästhetischen nicht trennen"*.[207]

Die Lichtdome auf dem Nürnberger Parteitag, die Albert Speer als seine größte Architektenleistung bezeichnet hat, sind nicht getrennt von dem politischen Umfeld zu sehen, in dem sie konstruiert wurden. Auch kann man nicht mit kalter Vernunft ohne Berücksichtigung des Gefühls entscheiden. Aber bevor man das tut – sagt Machiavelli in jeder Zeile – muss man erst einmal seine Vernunft benutzt und vom Gefühl getrennt haben, weil man sonst in unauflösbare Verwirrung gerät.

Wenn Macht und Konflikte sich im Rahmen eines Rechtsstaats abspielen, wenn die Rule of Law anerkannt wird, wenn wir also ein funktionsfähiges Gewaltmonopol des Staates haben, werden diese Regeln spätestens im Prozess zur Beendigung des Konflikts – wenn auch nicht immer des Machtkampfes – führen.

Machiavelli aber denkt aus einer ganz anderen Perspektive. Vor seinen Augen steht eine Machtverteilung, bei der es oberhalb der Ebene des Fürsten niemanden gibt, der ihn für irgendetwas zur Rechenschaft ziehen könnte. Sein Denken bezieht sich auf das Fehlen von Über- und Unterordnungsverhältnissen, wie sie nur an der Spitze der Machtpyramide auftreten. Wer sich dort befindet, hat zunächst einmal alle Möglichkeiten in der Hand und wird allenfalls durch ein funktionsfähiges Rechtssystem kontrolliert. Auch in ihm wird es allerdings immer breite Ermessensspielräume geben, wie man an der Praxis der Präsidentenanklage in den USA (Nixon/Clinton) gut sehen kann.

In vielen großen Staaten der Erde gibt es aber nicht einmal solche Kontrollmöglichkeiten. Die absolute Macht wird auf dieser Ebene nur durch Koalitionen bedroht, die – wie alle Netzwerke – grundsätzlich schwächer sind als eine einheitlich organisierte Macht. Nur die eigene Kriegsmacht, die *„aus Untertanen oder Bürgern oder aus selbstgeschaffenen Heeren“*[208] besteht, ist vollständig kontrollierbar und hat nicht die Nachteile, die alle Koalitionen mit sich bringen.

Außerhalb der Felder politischer Gewalt kann es ebenfalls ein Gleichgewicht der Macht geben, in das – jedenfalls in Umbruchzeiten – niemand wirkungsvoll eingreift. Die Welten der Mafia, der Jugendbanden, die vielfältigen Gruppen, die sich mit politischem Terror beschäftigen, können leicht einen Autonomiestatus erreichen, der ihnen das von Machiavelli beschriebene Verhalten ermöglicht. Und wenn sie in dieser Situation sind, wissen sie untrüglich, dass bestimmte Tugenden zu ihrem Untergang führen, bestimmte Laster aber ihre Sicherheit erhöhen werden! Wenn wir das nicht sehen wollten, wären wir blind und damit beim Kampf um die Macht von Anfang an unterlegen.

Macht ist inhaltsleer

Man hat Machiavelli den Satz *„Der Zweck heiligt die Mittel“* zugeschrieben, von dem Trotzki meinte, er stamme von den Jesuiten (Ihre Moral und unsere, 1938). Machiavelli hat ihn nie gesagt. Denn seine zentrale Erkenntnis lautet, dass die Macht nicht irgendwelchen Zwecken und Inhalten folgt, sondern sich selbst genug ist und keine besondere Begründung für ihren Durchsetzungswillen braucht. Sie strebt nur nach sich selbst, ihr Erfolg besteht darin, sich niemandem anpassen zu müssen – auch keinen Zwecken! Sie ist im Kern willkürlich.

Jeder merkt das mit unabweisbarer Klarheit, wenn er selbst irgendwo an der Spitze der Macht angekommen ist. Jeder, dem kein anderer mehr etwas zu sagen hat, wird dadurch selbst sprachlos. Die Macht entwickelt sich deshalb so stark, weil sie keinen besonderen Zweck braucht, und genau daran erlischt sie auch – oft ohne jeden Angriff von außen.[209] Wer nicht so lange warten kann, sondern jetzt gezwungen ist, gegen die Willkür aufzutreten, wird nur zwei Grenzen für die Macht finden: den Rechtsstaat und die persönliche Verweigerung, sich anzupassen. Nur damit können wir zwei schwierige Situationen bewältigen, bei der die Kompetenz des Staates überschritten wird oder es den Staat selbst nicht mehr gibt: die *Notwehr* und den *Ausnahmezustand.*

Notwehr

Ende Dezember 1999 beschloss der UN-Sicherheitsrat in seiner Resolution 1284, die Behauptung des Irak zu überprüfen, er verfüge nicht über Massenvernichtungswaffen. Im Zuge dieser Inspektion, die vom 27.11.2002 bis 18.3.2003 dauerte, wurden nebenbei Raketen-Waffen gefunden, die sofort vernichtet wurden, aber nichts sonst. Geheimdienstberichte der Briten wie der US-Amerikaner wurden dem UN-Sicherheitsrat vorgelegt. Sie stellten sich später als fragwürdig, wenn nicht falsch heraus. Am 11.10.2000 erhielt US-Präsident George W. Bush von seinem Parlament die Erlaubnis zur Kriegsführung und ordnete noch vor der UN-Resolution 1441 (8.11.2002) die

Mobilmachung an. Die UN-Resolution 1441 setzte der irakischen Regierung ein Ultimatum bis 15.11.2002, mit dem Ziel, die Arbeit der Untersuchungskommission auch weiterhin zu gestatten. Es wurde am 13.11.2002 angenommen. Die Untersuchungskommission begann mit ihrer weiteren Arbeit, die noch nicht abgeschlossen war, als die USA am 20. März 2003 den Angriff auf Bagdad starteten.[210]

Die Rechtfertigung dafür ist sehr umstritten. Ich kann nicht beurteilen, ob nach den Rechtsregeln, die in den USA gelten, ein Fall der Notwehr – vielleicht auch in Form der Nothilfe für die im Irak lebenden Menschen – vorgelegen hat. In Deutschland jedenfalls ist auch in einer solchen Grenzsituation keine Gewalt erlaubt: Das Bundesverfassungsgericht hat den Abschluss eines gekaperten Zivilflugzeuges verboten, weil es mit der Menschenwürdegarantie des Artikel 1 Abs. 1 Grundgesetz nicht vereinbar sei, wenn davon *„unbeteiligte Menschen an Bord des Luftfahrzeuges betroffen werden."*[211]

Völkerrechtliche Regeln zu einem solchen Fall existieren nicht. Wenn wir zugunsten des US-Präsidenten unterstellen, dass die Geheimdienstberichte umgeschrieben wurden, um die Ideen der Regierung zu unterstützen, ohne dass der Präsident dies angeordnet hätte, wenn wir außerdem davon ausgehen, dass die vor Jahren erfolgten Giftgasangriffe Saddams gegenüber den Kurden genügend Anlass zum Misstrauen gaben, wenn außerdem alle anderen Faktoren ausschließlich zugunsten der USA sprächen, hätten wir innerhalb von Rechtssystemen einen – wenn auch schwachen – Fall *„vermeintlicher Notwehr“* festzustellen. Die besseren Gründe sprechen aber dafür, dass dieser Irak-Krieg mit keiner Rechtsregel mehr beurteilt werden kann. Ist er deshalb aber willkürlich? Oder handelt es sich um einen Fall moralisch neutraler Anwendung von Gewalt, für den es keinen Richter gibt?

Es gibt keinen Zweifel daran, dass die Militäraktionen der USA die Willkürherrschaft des Saddam Husseins und damit künftige Menschenopfer verhindern wollten. Kann man aber außerhalb einer Notwehrsituation fremde Willkür mit eigener Willkür bekämpfen? Die Regeln des Rechts weisen das zurück, aber im Machtvakuum gilt kein Gesetz, sondern nur noch die erste Regel der Macht: Der Unterlegene muss sich anpassen!

Der Ausnahmezustand

Noch offensichtlicher greifen die Regeln der Macht, wenn das Rechtssystem – seine einzige Begrenzung außerhalb der Moral – praktisch nicht mehr wirksam ist. Dann gilt Carl Schmitts Feststellung: *„Souverän ist, wer über den Ausnahmezustand entscheidet.“*[212]

Gegen diesen Satz sind schon Literaturen geschrieben worden, obgleich seine Richtigkeit unmittelbar einleuchten muss. Hätte Carl Schmitt sich nicht durch sein persönliches Verhalten zu Beginn der Nazizeit ebenso diskreditiert wie Martin Heidegger, würde man sich mit seinen Überlegungen unbefangener beschäftigen. In seinen wie Machiavellis

Hinweisen steckt die Erkenntnis, dass wir ohne die Fähigkeit und den Willen zur Aggression gar nicht lebensfähig wären.

Der Grundfehler seines – von Thomas Hobbes hergeleiteten – Denkens war es, die Überlebensfähigkeit allein im Kampf aller gegen alle zu suchen. Das Ende des Naziterrors und aller vergleichbaren Diktaturen hat uns gezeigt, dass diese These unrichtig ist. Die moderne naturwissenschaftliche Forschung zeigt übereinstimmend mit der Psychologie: Aggression und Kooperation müssen sich wechselseitig ergänzen, um die Systeme stabil zu halten. Nicht das „Entweder – Oder" ist entscheidend, sondern das „Sowohl – Als Auch".

In Ausnahmezuständen ist das schwer erkennbar, denn *„die Revolution ist kein Galadinner, sondern ein Akt der Gewalt"* (Mao Tse Dong).

Die Deutschen können das schwer begreifen. Bei uns betritt der Revolutionär beim Sturm auf das Parlament nicht den Rasen und putzt sich außerdem die Schuhe ab, bevor er den Ministerpräsidenten erschießt. Solange der Anschein der Legalität gewahrt ist, wie etwa bei der Abstimmung über die Ermächtigungsgesetze 1933, ist alles in Ordnung. Diese seltsame Denkweise ist – diesmal zur Rettung der Demokratie – bis ins Jahr 1968 wirksam geblieben. Denn damals stimmte das Parlament den Notstandsgesetzen nur zu, nachdem die verfassungsmäßige Ordnung eine weitere Absicherung erhielt: *„Gegen jeden, der es unternimmt, diese Ordnung zu beseitigen, haben alle Deutschen das Recht zum Widerstand, wenn andere Abhilfe nicht möglich ist."* (Art. 20 Abs. 4 GG).

Das muss man sich mal praktisch vorstellen: Rechts- oder linksradikale Anhänger welcher Art auch immer (oder zum Beispiel die Armee) besetzen das Regierungsviertel, sperren die Parlamentarier ein und bringen die Macht im Staate an sich. In einer letzten zum Schein einberufenen Parlamentssitzung wird das Grundgesetz abgeschafft. Nun schlägt die Stunde der Partisanen. Wir gehen in den Untergrund. Und dabei tragen wir unser wichtigstes Buch, das Grundgesetz, ständig unter dem Arm, weil darin das Recht verbrieft ist, dass wir nun Widerstand leisten dürfen!

Machiavelli hat diese Art des Denkens unerträglich gefunden. Wir können in ihr eine besondere Schwäche der deutschen politischen Tradition sehen, deren geradezu kindliche Abhängigkeit von hierarchischen Strukturen uns auch heute noch in vielem schadet. Carl Schmitts Diagnose war richtig, als Therapie hätte er uns aber besser empfohlen, uns innerhalb demokratischer Formen zu emanzipieren, als für einen verbrecherischen Übervater zu plädieren. Diesen Fehler hat Machiavelli nicht gemacht: In jeder Stelle seines Werkes plädiert er für die freien Republiken, hält ihnen aber vor, man müsse sie wie ein Fürst führen, wenn man Erfolg haben wolle. Die kämpferische Republik war sein Modell und nicht die Diktatur. Deshalb hat er empfohlen, die Republik solle sich selbst bewaffnen und nicht Söldnerheere bezahlen: *„Fremde Waffen fallen ab, oder sie wiegen zu schwer oder sie erdrosseln dich!*[213] *(...) Ich schließe also, dass keine Herrschaft ohne eigene Waffen sicher besteht, denn wer keine Kräfte hat, die ihn im Unglück schirmen, hängt ganz vom Schicksal ab.“*[214]

Finden diese Fähigkeiten nicht ihre kulturellen – und das heißt hier: moralischen – Grenzen, gefährden wir unsere Menschenwürde und die aller anderen, mit denen wir uns streiten. Wir müssen also besorgt sein, den Ausnahmezustand zu vermeiden, wir müssen politische Konstruktionen finden, die ihn nicht zulassen oder die jedenfalls die Chance beinhalten, wieder unter den Schatten des Rechts zurückzukehren. Ohne Machiavellis Analyse wäre uns das wohl nicht so bewusst.

Der kritische Rationalist

Machiavelli liefert mit seinem Werk die erste große Theorie der Praxis der Macht: *„Das Schicksal wollte, dass ich weder von Seide noch von Wollweberei, weder von Gewinn noch von Verlust zu reden weiß, sondern ich muss vom Staat sprechen, und ich kann nur geloben zu schweigen oder darüber zu argumentieren."*[215]

Sein politisches Schicksal hat ihn vom Handelnden zum Betrachtenden gemacht. Er lebte in einer Zeit vielfältiger Revolutionen auf den Gebieten der Naturwissenschaft, der Kunst und der Technik, die voll waren von politischen Umbrüchen: *„Selten zeigte die Geschichte soviel Wechsel des Glücks, selten wurden so furchtbare Tragödien in so kurzer Zeit zusammengedrängt."*[216]

Nun könnte man Ähnliches von manchen antiken Schriftstellern sagen, auf die Machiavelli sich vielfältig beruft. Der Unterschied ist nur: In der Renaissance wird durch die Entdeckung der Antike der selbstbewusste Blick auf die eigene Situation geschärft und der Mythos wie der Aberglaube zurückgedrängt. Es wird noch knapp dreihundert Jahre dauern, bis der halbverrückte Jacques-René Hébert

1793 im Aufwind der französischen Revolution die Göttin der Vernunft auf die Altäre setzt.

Aber geboren wurde sie zu Machiavellis Zeiten. Hier beginnt der Mensch sich tatsächlich als das Maß aller Dinge zu verstehen, und zwar genau so, wie Protagoras (circa 450 v. Chr.) es gemeint hat: So subjektiv wie jeder von uns sich die Welt konstruiert, so wie er den Dingen Maß, Zahl und Namen gibt, so ist sie individuell für ihn – und daher für jeden – anders! Aufgrund seiner tiefen Vertrautheit mit den antiken Schriftstellern, verstand Machiavelli nicht nur diesen Ausgangspunkt, sondern konnte darüber hinaus die Regeln entwickeln, die gelten, wenn diese Subjekte und die Gruppen, die sie bilden, miteinander in Konflikt kommen.

Er hat diese Regeln nicht erfunden, aber er hat sie als erster auf hohem Niveau so anschaulich beschrieben, dass wir uns in ihnen auch heute noch widergespiegelt sehen: *„Machiavelli ist Spieltheorie in Reinform."*[217]

Niccolò Machiavelli: Der Fürst – aus dem Italienischen von *Friedrich von Oppeln-Bronikowski* mit einem Nachwort von *Horst Günther,* Insel Verlag, Frankfurt am Main/Leipzig, Inseltaschenbuch, 1. Auflage, 2001

Niccolò Machiavelli: Geschichte von Florenz – mit einem Nachwort von *Kurt Kluxen,* Manesse Verlag, Zürich, 3. Auflage, 1993

Niccolò Machiavelli: Das Leben Castruccio Castracanis aus Lucca – übersetzt und herausgegeben von Dirk Hoeges, C. H. Beck Verlag, München, 1998

Niccolò Machiavelli: Discorsi – Gedanken über Politik und Staatsführung, Deutsche Gesamtausgabe – von Dr. Rudolf Zorn übersetzte, eingeleitete und erläutere, 2. verbesserte Auflage, Alfred Kröner Verlag, Stuttgart 1977 (Discorsi)

Niccolò Machiavelli: Machiavelli für Manager – Sentenzen ausgewählt von Luigi und Elena Spagnol, Insel Verlag, 1995 (Sentenzen)

Friederike Hausmann: Machiavelli und Florenz – eine Welt in Briefen, dtv, 2001

Dirk Hoeges: Niccolò Machiavelli – Die Macht und der *Schein, C. H. Beck Verlag, München, 2000*

Maurizio Viroli: Das Lächeln des Niccolò – Machiavelli und seine Zeit, aus dem Italienischen von *Friederike Hausmann,* Pendo Verlag, Zürich München, 2000

Weitere Quellen sind in den Fußnoten angegeben.

Eduard Thöny, Der Leutnant 1899; Thöny Album 1900; Der bunte Rock 1910, Verlag Albert Langen, München; Katalog zur Ausstellung Ansitz Rosengarten in Lana, Tappeiner Verlag, 2004; Berlin um 1900 – Karikaturen für den Simplicissimus, Amira Verlag, 2003

Besonderen Dank an Dr. Dagmar von Kessel-Thöny, die uns für dieses Buch freundlicherweise die Zeichnungen ihres Großvaters (Eduard Thöny (1866 – 1950) überlassen hat.

Das Buch hat den unzähligen unbekannten Autoren der Internet-Enzyklopädie Wikipedia sehr viel zu verdanken, denn diese Art der Recherche bleibt nicht ohne Wirkung auf den Inhalt.

Marita Grabosch danke ich für die Arbeit am Manuskript und Yana Heussen für manchen (auch kritischen) Hinweis aus dem Reich der Neurobiologie, der Psychologie und der Soziologie.

1 Für alle Zahlen: www.bmj.bund.de/service/statistiken/ Geschäftsbelastung bei Gerichten und Staatsanwaltschaften

2 *Amtsgericht Burgwedel,* Neue Juristische Wochenschrift (NJW) 1986, S. 2647;

3 *Ernst Wolf,* NJW, 1987, S. 821

4 *Freckmann,* NJW, 1987, S. 3113

5 *Rabe,* NJW 1988, S. 2584

6 *Joachim Bauer,* Prinzip Menschlichkeit – Warum wir von Natur aus kooperieren, Hoffmann und Campe, 2006

7 *Max Weber* (1923), Wirtschaft und Gesellschaft, § 16; ganz ähnlich *Bertrand Russell,* Power: A New Social Analysis, New York, 1936, S. 35; *Talcott Parsons,* On The Concept of Power, in: *Bell / Edward / Wagner* (Hsrg.): Political Power, New York, 1969, S. 256

8 *Niklas Luhmann,* Macht, 3. Aufl., Lucius + Lucius Stuttgart, 2003, S. 2

9 *Niklas Luhmann,* Macht, (FN 8), 2003, S. 3

10 *Niccolò Machiavelli,* Discorsi, S. 100

11 *Susan Nieman,* Das böse Denken – Eine andere Geschichte der Philosophie, Suhrkamp, 2004

12 *Niccolò Machiavelli,* Discorsi, S. 148

13 *Niccolò Machiavelli,* Discorsi, S. 118

14 *Robert Greene,* Die 48 Gesetze der Macht, dtv, 2001

15 Das sagen uns Ethnologen und Kommunikationsforscher wie *Edward T. Hall, Fiske, Malinowski und Lévi-Strauss*

16 *Niccolò Machiavelli,* Discorsi, S. 204

17 *Die Zeit* Nr. 47 vom 14.11.2006, S. 4

18 *Niccolò Machiavelli,* Der Fürst, S. 114

19 *Peter Sloterdijk,* Zorn und Zeit. Politisch-psychologischer Versuch, Suhrkamp, 2006; *Rüdiger Safranski,* Das Böse, Fischer (6. Aufl. 2004)

20 *Niccolò Machiavelli,* Sentenzen, S. 29; anschaulich: *Peter York,* Zu Besuch bei Diktatoren, Heyne, 2006

21 *Joachim Bauer,* Prinzip Menschlichkeit, (FN 6), S. 95f; *Helm Stierlin,* Adolf Hitler, Suhrkamp, 1975

22 *Johann Wolfgang v. Goethe,* Maximen und Reflexionen, (FN 87), Nr. 463

23 *Niccolò Machiavelli,* Der Fürst, S. 90

24 *Niccolò Machiavelli,* Der Fürst, S. 83

25 *Vincent Cronin* (1974), Ludwig XVI. und Marie-Antoinette, List Verlag, 2005

26 *Niccolò Machiavelli,* Discorsi, S. 282

27 *Thomas Hobbes* (1651), Leviathan, S. 83

28 *Sigrun Saunderson:* Interview mit Antony McIntyre, Wiener Zeitung (Extra) vom 28.10.2006

29 *Heraklit:* Fragmente, Artemis 10. Aufl., 1989, S. 27

30 *Mallanaga Vātsyāyana:* Kamasutra Teil 2, Kap. 7, in der Übers. von *Sudhir Kakar,* Wagenbach Verlag, 2004, S. 124

31 *Joachim Bauer,* Prinzip Menschlichkeit, S. 98 ff.; *Tor Nørretranders,* Über die Entstehung von Sex durch generöses Verhalten, Rowohlt, 2006

32 *Heraklit,* Fragmente, (FN 29), S. 19

33 *Friebe/Lobo,* Wir nennen es Arbeit – Die digitale Bohème, Heyne Verlag, 2006

34 *Niccolò Machiavelli,* Discorsi, Vorwort, S. 4

35 *Carl Schmitt,* Der Begriff des Politischen, 7. Aufl., 2002, S. 65

36 *Günther Stark,* Eine Philosophie des 3. Jahrtausends, Deutscher Wissenschaftsverlag, 2006

37 *Niccolò Machiavelli,* Der Fürst, S. 78

38 *Niccolò Machiavelli,* Der Fürst, S. 74

39 *Wolfgang Fikentscher,* Globale Gerechtigkeit, S. 75

40 *Niccolò Machiavelli,* Sentenzen, S. 52

41 *Niccolò Machiavelli,* Sentenzen, S. 65

42 *Gerhard Roth,* Fühlen, Denken, Handeln – Wie das Gehirn unser Verhalten steuert, Fischer, 2003

43 *Gerhard Roth,* (FN 42), 2003, S. 527

44 Wer mehr über sich selbst wissen will, findet geeignete Testprogramme bei www. testedich. de

45 *Niccolò Machiavelli,* Discorsi, S. 251

46 *Joachim Bauer,* Warum ich fühle, was Du fühlst, Heyne 2006, S. 44

47 *Daniel Goleman,* Emotionale Intelligenz, dtv, 1997

48 Bundesgerichtshof, Neue Zeitschrift für Strafrecht, 2000, S. 25

49 *Stanley Milgram,* Das Milgram-Experiment. Zur Gehorsamsbereitschaft gegenüber Autorität, Rowohlt, 1997

50 *Marc Hauser,* Moral Minds, New York, Ecco Press 2006

51 *Niklas Luhmann,* Macht, (FN 8), S. 10

52 *John David Morley,* Grammatik des Lächelns, Piper, 2003

53 *Samy Molcho,* Körpersprache als Dialog, Mosaik Verlag 1988

54 *Niccolò Machiavelli,* Sentenzen, S. 69

55 *Niccolò Machiavelli,* Discorsi, S. 116

56 *Sigmund Freud,* Bruchstücke einer Hysterieanalyse, Studienausgabe, Fischer, 1982, Bd. VI, S. 83

57 *Niccolò Machiavelli,* Discorsi, S. 256

58 *Reiter,* Komplexitätsmanagement, in: *Bernhard von Mutius,* Die andere Intelligenz – wie wir morgen denken werden, Klett Cotta, 2. Aufl., 2004, S. 162

59 *G. A. Miller,* The Magical Number Seven, Plus or Minus Two – Some Limits on our Capacity for Processing Information, Psychological Review 63, S. 81-97

60 *Niccolò Machiavelli,* Der Fürst, S. 20

61 *Niccolò Machiavelli,* Der Fürst, S. 86

62 *Niccolò Machiavelli,* Der Fürst, S. 75

63 *Schopenhauer,* Parerga und Parlipomena, Bd II, Züricher Ausgabe Bd. 9, S. 369

64 *Guntram Rahn,* Rechtsdenken und Rechtsauffassung in Japan, C. H. Beck, 1990

65 Wer mehr darüber wissen will, dem empfehle ich: weblog. internet-pro.de/2006/05/absurde_klagen_html; www.thomas-stollberger.de oder *David Crombie / Falk von Helsing,* Pfeifen unter Wasser streng verboten – Die kuriosesten Gesetze der Welt, Eichborn Verlag, 2001

66 *Niccolò Machiavelli,* Der Fürst, S. 53

67 Für Japan: *Ruth Benedict,* Chrysantheme und Schwert. Formen der japanischen Kultur, Suhrkamp, 2006; für Indien: *Sudhir Kakar,* Die Inder – Portrait einer Gesellschaft, C. H. Beck, 2006, S. 191

68 Landesarbeitsgericht Baden-Württemberg vom 13.03.2006 (13 TaBV 15/05)

69 *Niccolò Machiavelli,* Der Fürst, S. 73

70 *Niccolò Machiavelli,* Discorsi, S. 206

71 Urteil vom 11.02.1994 NJW 1995, 889

72 www.scheidung-uebers-internet.de; www.einfach scheiden.de

73 *Niccolò Machiavelli,* Discorsi, S. 146

74 *Niccolò Machiavelli,* Geschichte von Florenz, S. 80

75 *Niccolò Machiavelli,* Der Fürst, S. 53

76 *Kluge/Reitz,* Kursbuch, Nr. 41, 1975

77 *Niccolò Machiavelli,* Discorsi, S. 241

78 Überliefert von *Camille Desmoulins* cit. n. Cronin, S. 361

79 *Michel Bassier,* in der Frankfurter Allgemeine Zeitung vom 18.04.2005, S. 15

80 *Niccolò Machiavelli,* Castruccio Castracani, S. 37

81 *Niccolò Machiavelli,* Sentenzen, S. 55

82 *Niccolò Machiavelli,* Discorsi, S. 251

83 *John M. Gottmann / Nan Silver,* Die 7 Geheimnisse der glücklichen Ehe, Ullstein Verlag, 2006, S. 10

84 Das ist die derzeit politisch korrekte Bezeichnung eines Amerikaners, dessen Vorfahren aus Afrika verschleppt wurden.

85 Das sind aus Europa stammende weißhäutige Menschen.

86 *Niccolò Machiavelli,* Discorsi, S. 338

87 *Johann Wolfgang von Goethe,* Maximen und Reflexionen 251, Hamburger Ausgabe 1982, Band 12

88 *Niccolò Machiavelli,* Discorsi, S. 295

89 *Niccolò Machiavelli,* Der Fürst, S. 111

90 *Erasmus v. Rotterdam,* Lob der Torheit, Manesse Verlag, 2002

91 *Thomas Mann,* Der Zauberberg, Fischer Verlag, 1974, S. 808

92 *Bertolt Brecht* – Vom armen B. B.: Gedichte I, Suhrkamp, 4. Aufl., 1986, S. 261

93 *Niccolò Machiavelli,* Der Fürst, S. 108

94 *Charles de Talleyrand – Périgord* (1754 – 1838), franz. Chefdiplomat, cit. n. *Franz Blei,* Talleyrand, Matthes & Seitz, 1984, S. 45

95 *Niccolò Machiavelli,* Der Fürst, S. 111

96 *Benno Heussen,* Anwalt und Mandant – Ein Insider Report, Otto Schmidt, 1999

97 *Niccolò Machiavelli,* Sentenzen, S. 70

98 *Niccolò Machiavelli,* Der Fürst, S. 113

99 *Niccolò Machiavelli,* Der Fürst, S. 114

100 *Niccolò Machiavelli,* Der Fürst, S. 114

101 *Niccolò Machiavelli,* Der Fürst, S. 73

102 *Niccolò Machiavelli,* Geschichte von Florenz, S. 248

103 *Martina Steul,* Risikoverhalten privater Kapitalanleger, Deutscher Universitätsverlag, 2004; *Goldberg/von Nitzsch,* Behavioral Finance, Finanzbuchverlag, 2. Aufl., 2000

104 *Dietrich Dörner,* Die Mechanik des Seelenwagens, Hans Huber Verlag 2002, S. 253

105 *Niccolò Machiavelli,* Geschichte von Florenz, S. 244

106 *Niccolò Machiavelli,* Geschichte von Florenz, S. 285

107 *Niccolò Machiavelli,* Der Fürst, S. 86

108 *Niccolò Machiavelli,* Der Fürst, S. 65

109 *Niccolò Machiavelli,* Discorsi, S. 117

110 *Niccolò Machiavelli,* Discorsi, S. 192

111 *Niccolò Machiavelli,* Discorsi, S. 263

112 *Jan Philipp Reemtsma,* Interview, Frankfurter Allgemeine Sonntagszeitung, 13.02.2005, S. 3

113 *Niccolò Machiavelli,* Discorsi, S. 403

114 *Oswald Spengler,* Untergang des Abendlandes, C. H.Beck (1923), 1998, S. 1106

115 *Niccolò Machiavelli,* Sentenzen, S. 63

116 *Oswald Spengler,* Untergang des Abendlandes, (FN 114), S. 1117

117 *Niccolò Machiavelli,* Der Fürst, S. 119

118 *Leo Trotzki,* Ihre Moral und unsere, 1938

119 *Louis Begley,* Lügen in den Zeiten des Krieges, Suhrkamp, 2004

120 *Wilhelm Genazino,* Neue Züricher Zeitung, 08/2006, S. 52

121 *Niccolò Machiavelli,* Discorsi, S. 393

122 *Niccolò Machiavelli,* Discorsi, S. 320

123 *Niccolò Machiavelli,* Sentenzen, S. 21

124 *Niccolò Machiavelli,* Der Fürst, S. 118

125 *Niccolò Machiavelli,* Der Fürst, S. 120

126 *Niccolò Machiavelli,* Der Fürst, S. 120

127 *Niccolò Machiavelli,* an *Francesco Vettori* Brief vom 10.12.1513 cit. n. Der Fürst, Reclam Verlag, 1961, S. 9

128 *Niccolò Machiavelli,* Castruccio Castracani, S. 35

129 *Niccolò Machiavelli,* cit. n. Viroli, S. 326

130 *Niccolò Machiavelli,* Discorsi, S. 240

131 *Joachim Fest,* Ich nicht – Erinnerungen an eine Kindheit und Jugend, Rowohlt, 2006, S. 33

132 *Benno Heussen,* Vertragsverhandlung und Vertragsmanagement, 3. Aufl. 2007, Teil 2

133 *Niccolò Machiavelli,* Brief an Raffaello Gerolami Botschafter in Madrid cit. n. *Maurizio Viroli,* S. 284

134 *Niccolò Machiavelli,* Sentenzen, S. 69

135 *Benno Heussen,* Vertragsverhandlung und Vertragsmanagement, Otto Schmidt, 3. Aufl. 2007, RN 2.368

136 *H. Georg Macioszek,* Chruschtschows dritter Schuh, Ulysses Verlag, 2000, S. 12ff

137 Herausragend: *Albert Thiele,* Argumentieren unter Stress, 4. Aufl., Frankfurter Allgemeine Buch, 2006

138 *Benno Heussen,* Schwierige Verhandlungssituationen in: Handbuch Vertragsverhandlungen und Vertragsmanagement, 3. Aufl. 2007, RN 2.568

139 *Niccolò Machiavelli,* Sentenzen, S. 54

140 *Niccolò Machiavelli,* Discorsi, S. 119

141 *Niccolò Machiavelli,* Castruccio Castracani, S. 33

142 *Niccolò Machiavelli,* Der Fürst, S. 87

143 *Fisher / Ury / Patton,* Das Harvard-Konzept (1981), Campus Verlag, Neuausgabe 2006

144 Das Bedürfnis und die Fähigkeit zur Kooperation entspricht auch unserer biologischen Grundausstattung – *Joachim Bauer,* Prinzip Menschlichkeit, (FN 6)

145 *H. Georg Macioszek,* Chruschtschows dritter Schuh, (FN 136), S. 61

146 *Edmund Rolls,* The Brain and Emotion, Oxford University Press New York, Oxford, 1999, cit. n. *Gerhard Roth,* S. 294

147 *Lynch / Kordis,* Delphin Strategien, Henrich Verlag 1998; *Glasl / Friedrich,* Konfliktmanagement 6. Aufl. 1999 und andere

148 *Niccolò Machiavelli,* Der Fürst, S. 85

149 *Dietrich Dörner,* Die Logik des Misslingens, Rowohlt 2003 S. 22, 32 und Die Mechanik des Seelenwagens, (FN 104), S. 249

150 *Niccolò Machiavelli,* Sentenzen, S. 28

151 *Niccolò Machiavelli,* Castruccio Castracani, S. 36

152 *Niccolò Machiavelli,* Der Fürst, S. 88

153 *Klaus Balzer,* Die McKinsey Methode, Ueberreuter Verlag, 2000, S. 179

154 Viele Details dazu finden sich bei *Albert Thiele,* (FN 137)

155 *Niccolò Machiavelli,* Discorsi, S. 332, 333

156 *Niccolò Machiavelli,* Der Fürst, S. 38

157 *Niccolò Machiavelli,* Discorsi, S. 251

158 *Wickler / Seibt,* Das Prinzip Eigennutz, Hoffmann u. Campe, 1977, S. 54 f

159 *H. Georg Macioszek,* Chruschtschows dritter Schuh, (FN 136), S. 51

160 *Niccolò Machiavelli,* Sentenzen, S. 59

161 *Moltke,* Kriegstheorie und Kriegsgeschichte, Deutscher Klassiker Verlag, 1993, S. 429

162 *Niccolò Machiavelli,* Sentenzen, S. 67

163 *Niccolò Machiavelli,* Sentenzen, S. 58

164 *Niccolò Machiavelli,* Discorsi, S. 387

165 *Axel Ockenfels,* Fairness, Reziprozität und Eigennutz. Ökonomische Theorie und experimentelle Evidenz, Verlag Mohr & Siebeck, 1999

166 Niccolò Machiavelli, Der Fürst, S. 75

167 Niccolò Machiavelli, Discorsi, S. 79

168 Niccolò Machiavelli, Discorsi, S. 253

169 *Karl-Heinz Kohl* in *Fikentscher,* Begegnung und Konflikt, Verlag der Bayerischen Akademie der Wissenschaften, München, 2001, S. 63 (72)

170 www. de. wikipedia. org\ wiki\ gettysburg_address

171 *Gunnar Heinsohn,* Söhne und Weltmacht – Terror im Aufstieg und Fall der Nationen, Orell Füssli 2003, S. 59–71

172 *Niccolò Machiavelli,* Discorsi, S. 237

173 *Niccolò Machiavelli,* Discorsi, S. 395

174 *Niccolò Machiavelli,* Der Fürst, S. 110

175 *Aristoteles* (384 bis 322 v. Chr.), Nikomachische Ethik Artemis + Winkler, 2001, Kap. V (1134 b), S. 213

176 *Niccolò Machiavelli,* Discorsi, S. 31

177 *Gerhard Thür,* Das Gerichtswesen Athens im 4. Jahrhundert v. Chr. in: *Burkhardt / von Ungern-Sternberg,* Große Prozesse im antiken Athen, C. H. Beck, 2000, S. 30

178 *Hattenhauer,* Europäische Rechtsgeschichte, C. F. Müller, 2. Aufl., 1994, S. 34

179 *Christopher Ross,* Mishimas Sword, Da Capo Press, 2006, S. 244

180 *Jacque Gernet,* Die chinesische Welt, S. 78 f; für Japan: *Guntram Rahn,* Rechtsdenken und Rechtsauffassung in Japan, C. H. Beck, 1990

181 *Fikentscher,* Zur Anthropologie der Körperschaft, Verlag der Bayerischen Akademie der Wissenschaft, 1995, S. 25 f

182 *William Seagle,* Weltgeschichte des Rechts, C. H. Beck, 1951, S. 60

183 *Niccolò Machiavelli,* Discorsi, S. 30

184 www.sinnlose-gesetze.de, leider meist ohne Angabe der jeweiligen Quelle und daher kritisch zu betrachten

185 Bundesministerium der Justiz, Richterstatistik v. 31.12.2004

186 *Anwaltsblatt* 2000, Heft 5: Bericht über das DAV-Forum: Justizreform – Zivilprozess, Beilage S. 8

187 www.rom. diplo. de – rechtsverfolgung

188 Landtag von Baden Württemberg, Drucksache 13/4610 vom 19.08.2005, auch bei www. pappa. com / neues / 17.04.2006

189 Bundesverfassungsgericht v. 14.04.1987, NJW 1987, 2003

190 *Niccolò Machiavelli,* Discorsi, S. 34

191 Es haben alle geschrieben: Der Angeklagte, seine Verteidiger *Gerry Spence* und *Alan Dershowitz,* die Staatsanwältin *Marcia Clark* und eine Vielzahl von Journalisten, vor allem *Jeffrey Toobin* vom *New Yorker* (siehe auch: *Robert Schnabel,* Der O. J. Simpson Prozess, Dunker + Humblodt, 1999

192 *Arthur Kaufmann,* Das Verfahren der Rechtsgewinnung – eine rationale Analyse, C. H. Beck Verlag, 1999

193 *Butz Peters,* Tödlicher Irrtum: Die Geschichte der RAF, Argon Verlag, 2004, S. 297

194 *Hattenhauer,* Europäische Rechtsgeschichte, (FN 178), S. 34

195 www.chrononhotonthologos.com/lawnotes/penntrail.htm

196 *Thomas Mann,* Der Zauberberg, (FN 91), S. 960

197 *John Rawls,* Gerechtigkeit als Fairness, Suhrkamp, 2006 und: (1971) Eine Theorie der Gerechtigkeit, Suhrkamp, 2001

198 *Tschuang-Tse,* Reden und Gleichnisse, Manesse, 1951, S. 83

199 *Niccolò Machiavelli,* An Vettori, cit. n. *Viroli,* S. 215

200 *Niccolò Machiavelli,* Castruccio Castracani, S. 34

201 *Niccolò Machiavelli,* Discorsi, S. 279

202 *Niccolò Machiavelli,* Der Fürst, S. 89

203 *Niccolò Machiavelli,* Der Fürst, S. 79

204 *Niccolò Machiavelli,* Der Fürst, S. 83

205 Anti-Machiavel oder *„Versuch einer Kritik über Nic. Machiavels Regierungskunst eines Fürsten",* Photomechanischer Nachdruck nach dem Original von Frankfurt/Leipzig 1745 Harenberg Kommunikation Dortmund 1978, S. 309

206 *Niccolò Machiavelli,* Der Fürst, S. 78

207 *Golo Mann,* Brief an *Joachim Fest* vom 09.02.1974, Briefe 1932–1992, Wallstein Verlag, 2006, S. 221

208 *Niccolò Machiavelli,* Der Fürst, S. 74

209 *Friedrich Nietzsche,* Genealogie der Moral, hellsichtig kritisiert von *Harry Graf Kessler,* Tagebuch vom 01.07.1921, Inselverlag, 1996, S. 267

210 Aus der umfangreichen Literatur sind die Bücher von *Bob Woodward* hervorzuheben: Bush at War – Amerika im Krieg, Heyne, 2003 und: Die Macht der Verdrängung, DVA, 2007

211 Bundesverfassungsgericht Urteil vom 15.02.2006, 1 BvR 357/05, Neue Juristische Wochenschrift (NJW) 2006, 751

212 *Carl Schmitt,* Politische Theologie (1922); dazu jüngst: *Giorgio Agamben,* Ausnahmezustand, Suhrkamp, 2004

213 *Niccolò Machiavelli,* Der Fürst, S. 72

214 *Niccolò Machiavelli,* Der Fürst, S. 74

215 *Niccolò Machiavelli* ... an Francesco Vettori, Botschafter von Florenz im Vatikan 1513 cit. n. Maurizio Viroli, S. 184

216 *Ferdinand Gregorovius* über die Renaissance in: Geschichte der Stadt Rom im Mittelalter, Band 3, C. H. Beck, 1978, S. 210

217 *John Nash,* Mathematiker, Nobelpreisträger, Interview: Welt am Sonntag vom 20.08.2006, S. 29

Benno Heussen, Prof. Dr., einer der führenden Computerrechtler in Deutschland, ist Anwalt geworden, um die Regeln der Macht zu entschlüsseln und zu lernen, wie man richtig streitet. Dabei hat er entdeckt, dass Machiavellis Werke nicht nur für Politiker und Manager wertvoll sind, sondern jedermann nützen können, der in Konflikte und Streitsituationen verwickelt ist.

Eduard Thöny (1866–1950), österreichischer Zeichner und Karikaturist, arbeitete viele Jahre für die Zeitschriften „Simplizissimus" und „Jugend" und gestaltete dabei circa 5.000 Blätter, die die Regeln der Macht aus der Sicht seiner Zeit oft besser als Worte sichtbar machen.